はじめての amazon マーケットプレイス出店スタートガイド

大上 達生 [著]

本書の使い方

- 本書では、初めてAmazonマーケットプレイスを始める方や、これまでAmazonマーケットプレイスを利用してきた方を対象に、Amazonマーケットプレイスの基本的な手順から、仕事などに役立つ本格的な操作方法とノウハウを理解しやすいように図解しています。
- Amazonマーケットプレイスで、重要な機能はもれなく解説し、本書さえあればAmazonマーケットプレイスが使いこなせるようになります。また、Amazonマーケットプレイスに関する疑問やためになる周辺情報などは、コラムでわかりやすく解説しています。

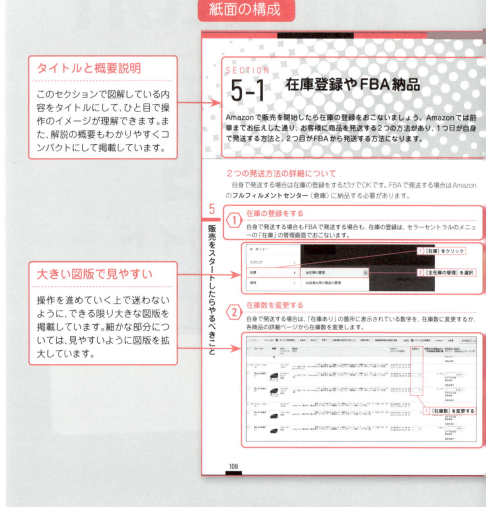

本書で学ぶための3ステップ

ステップ1 ▶ Amazonマーケットプレイスの基礎知識がしっかりわかる

本書は、最新のAmazonマーケットプレイスについて、基礎から理解できるようになっています

ステップ2 ▶ Amazonマーケットプレイスを活用するための実務に沿って解説している

本書は、実際にAmazonマーケットプレイスを活用するための実際の流れに沿って丁寧に図解しています

ステップ3 ▶ ビジネスで使いこなすための様々なスキルが身に付く

本書は、Amazonマーケットプレイスを使いこなすために必要な基本的ノウハウやテクニックなどをまるごと解説し、また、豊富なコラムが、スキルアップに役立ちます

商品が売れたら自身で商品をお客様まで送付します。お客様には出来るだけ早く、綺麗な梱包で届けることが大切です。発送したらお客様に**発送通知**をします。

FBAを使っている場合

FBAの場合は、Amazonのフルフィルメントセンター（倉庫）に商品を納入することで、Amazonが在庫数を計上してくれます。

① **FBAに納品する**

左側にあるチェックボックスにチェックを入れて、上の「選択中の商品を一括変更」をクリックします。

1 チェックを入れる　2 [選択中の商品を一括変更]をクリック

② **FBAでの発送方法を選択する**

「Amazonから出荷」もしくは「在庫商品を納入／補充する」を選択します。

1 [Amazonから出荷]もしくは[在庫商品を納入／補充する]を選択

丁寧な手順解説

図版だけの手順操作の説明ではわかりにくいため、図版の上部に、丁寧な解説テキストを掲載し、図版とテキストが連動することで、より理解が深まるようになっています。

豊富なコラムでスキルアップ

手順を解説していく上で、補助的な解説や、楽しい便利技、より高度なテクニック、注意すべき事項などをコラムにしています。コラムがあることで、理解がさらに深まります。

はじめに

この本を手に取ってくださり、本当にありがとうございます。

Amazonマーケットプレイスとは、Amazon上で、外部の販売者が商品を販売できる仕組みや場所のことです。

Amazonは、世界最大級のEC（イーコマース）のサイトであり、数えきれないたくさんの商品が毎日売り買いされている巨大市場です。そこでは大手企業が出店する一方で、中小企業や一人で商品を売っている個人も、その規模に関わらず数多く出店しています。

Amazonマーケットプレイスを活用して大きな成長を遂げた出店者も多く、出店者にとって大きな商売のチャンスにあふれています。

にもかかわらず、非常に残念なことに、企業の方、個人の方問わず、出店自体をしていないケースもまだまだ多く、また出店したとしても利益を出す前に、Amazonマーケットプレイスから撤退してしまう出店者も後をたちません。

その大きな原因の一つがAmazonのシステムやルールの複雑さによって、出店へのハードルが高く感じてしまったり、継続することが難しいと感じてしまう点にあります。

本書の目的はそんなAmazonマーケットプレイスへの出店や販売をかんたんに進められるようにすることです。Amazonマーケットプレイスをスムーズに活用して、途中で挫折することなく、利益を出し続けて行くためのガイドになります。

特に、本書はAmazon販売の基本的な流れに沿って構成されているので、こ

れから新しくAmazonで販売を始めたいと思っている人たちや初心者の方でも、体系的に理解しながら、出店作業を進めて行くことができるでしょう。

　例えば、
　　・会社のEC担当者や経営者の方
　　・新しくビジネスを始めようとしている方
　　・一人で事業をしている方
　　・会社員だけど、副業でAmazonを使ってお金を稼ぎたい方
などなど。

　また、すでにAmazonマーケットプレイスで販売している人にとっても、「実際に役に立つ情報やノウハウ」を記載することを心がけました。

　その場合、すでに知っている部分やわかっている部分について必ずしも読む必要はありません。必要な箇所だけ読んでみてください。この本を読んで、今の販売方法を見直したり、もっと良くしたりするためのヒントが見つかればこれ以上の喜びはありません。

　それではご一緒に、Amazonマーケットプレイスへの出店を始めてみましょう。きっと今までとは違う、新しい世界が広がっていくはずです。

2024年9月
大上達生

CONTENTS

本書の使い方 2
はじめに 4

CHAPTER 1 Amazonマーケットプレイスってなに？ 15

1-1 AmazonやAmazonマーケットプレイスとは？ 16
Amazonという企業について
Amazonマーケットプレイスの概要について
Amazonジャパンの歩みについて

1-2 Amazonマーケットプレイスの特長とメリット 20
数多くのお客様やヘビーユーザーがすでにいる
月々の固定費も高くない
購買意欲の高いお客様が多い
高い信頼性があるので商品が売れやすい
FBAを活用することで業務量を大幅に軽減できる
広告・プロモーションが充実している
セラーセントラルで管理がかんたん
海外に販売を展開しやすい
出店者向けのサポートが手厚い
検索エンジン上のSEO効果がある

1-3 Amazonへの出店は儲かるってホント？ 22
Amazonは本当に儲かる？
①出品用アカウントの作成
②商品の選定、商品登録
③FBAの活用
④販売ページの作成
⑤広告やプロモーションの活用

1-4 Amazonでの商売のやり方は基本4種類 24
個人と法人の販売方法の違い
せどり
輸入
輸出
オリジナル商品販売

**1-5 Amazonに限らず一攫千金の商売は
できるわけがないと肝に銘じておく** 26
成功の秘訣はAmazonでも同じ

Amazonで成功している理由

1-6 Amazon マーケットプレイスのデメリットについて ……… 27
競争が激しい
Amazonのルールに従わなければならない
お客様とのコミュニケーションが制限される
手数料や広告費などが利益を圧迫する

1-7 スタートで間違えると大きな損失しか残らないという厳しい現実 …… 29
商品自体や情報の不備による返品やクレーム
規約違反による出品停止やアカウント削除
適正な在庫管理ができないことによる損失
過剰な広告投資による資金の損失

1-8 商売は誰でも大なり小なり必ず壁にぶつかる ……… 31
Amazonでの売上の壁は成長のチャンス
壁に遭遇したらやることがある

1-9 他のECショッピングモール／プラットフォームとの違いとは … 32
FBAはAmazon独自のサービス

1-10 Amazon マーケットプレイスで成功している人たち ……… 33
Ankerが成功した理由
Amazonランキングに隠された見方

CHAPTER 2

Amazon マーケットプレイスはなぜ人気が高いのか？ ……… 35

2-1 Amazon マーケットプレイスの市場規模や流通額 ……… 36
EC市場におけるAmazonのシェア

2-2 Amazonがお客様に支持されている理由 ……… 37
使いやすいショッピングサイトである
豊富な商品がある
配送が早い
豊富なレビューや返品対応があるので安心である
リーズナブルな価格である

2-3 Amazon マーケットプレイスの売れ筋カテゴリー ……… 38
Amazonで人気のある主なカテゴリー
利益を出すための基本的な考え方

2-4 Amazon FBAってなに？ ……… 42
販売以外にやることが多い時にFBAが役に立つ
FBAがやってくれる主な業務は以下の通り

**2-5 Amazon マーケットプレイスには
売上を伸ばすためのツールがたくさん** ……… 44

- 広告
- 割引プロモーション
- クーポン
- ポイント還元
- タイムセール
- ビッグセール

2-6　Amazonマーケットプレイスには勉強会がある!? ………… **46**
フォーラムで質問するという方法もある

2-7　Amazonの顧客層の購買欲が高い理由 ……………………… **48**
Amazonには購入意欲の高いユーザーが訪れる

2-8　Amazonブランドを上手に活用するためには ……………… **50**
Amazonでの出品のコツとは
Amazonブランドを最大限利用する方法

2-9　Amazonマーケットプレイスを使って海外にも販売 ……… **52**
Amazonで世界を相手に商売をする
アメリカのEC市場規模について

CHAPTER 3

Amazonマーケットプレイスを
始める準備を進めよう ……………… 55

3-1　Amazonマーケットプレイスは個人でも始められるの？ …… **56**
Amazonの出品アカウントは2種類

3-2　どんな出店プランがあるの？ ………………………………… **57**
2つの出品プランの主な違い
小口出品で制限されるカテゴリー

3-3　Amazonマーケットプレイスの参入に関して審査とかあるの？ … **59**
審査に必要な提出書類の存在
個人アカウントの場合
法人アカウントの場合

3-4　Amazonセラーセントラルにログインしてみよう ………… **61**
AmazonからのメールのURLからログイン

**3-5　Amazon出品に向いている商品
出品が禁止されている商品** ………………………………… **64**
「せどり」「オリジナル商品」の基本的な考え方
Amazonマーケットプレイスで出品が禁止されている商品

3-6　Amazonマーケットプレイスの手数料はどうなっているの？ …… **66**
手数料の内訳について
主なカテゴリーの手数料
FBAを利用する際の手数料について

3-7 テスト出品／販売をしてみよう ……………………………………… 70
テスト出品から始めるのがおススメ

3-8 商品の仕入先にはどんなところがあるの？ …………………… 71
実際の店舗から仕入れる
ネットショップから仕入れる
卸売業者や問屋から仕入れる
輸入して仕入れる
メーカーから直接仕入れる

3-9 商品を製作したいときはどうすればいいの？ ………………… 73
自主製作の商品を販売することについて
商品を製作する上での注意点

3-10 お客様目線で買い物をしてみよう …………………………………… 75
Amazonで商品を買う体験も大切

CHAPTER 4

Amazonマーケットプレイスを 始めよう ………………………………………… 77

4-1 出品から販売までの基本的な流れ ……………………………………… 78
出品から販売までの基本的な流れ

4-2 既存商品の出品と新規商品の出品の違いについて …………… 80
既存の商品カタログに出品する場合と、新規に出品する場合の主な違い

4-3 出品のための情報やデータを準備しよう ………………………… 82
既存のカタログに出品する場合
新しいカタログ、販売ページを作成して出品する場合

4-4 既存商品の出品のやり方 ………………………………………………… 83

4-5 新規商品の出品のやり方 ………………………………………………… 86
JANコードについて
JANコードとGS1事業者コードの違い
新規商品の出品は以下の手順

4-6 商品の詳細ページ（A＋）を作成しよう ………………………… 90
追加の詳細ページのことをA＋（エープラス）と呼ぶ
私がオススメのA＋構成
A＋を作成する際の気を付けるポイント

4-7 在庫の登録やFBA納品・商品の発送について ………………… 95
「在庫切れ」を起こすのは禁物

4-8 Amazonマーケットプレイスの規約は必ず守ろう ………… 96
Amazonのルールは厳守する
よくある規約違反のケース

4-9 販売状況は定期的にチェックしておくことが大切 ········ 99
自分の店の状態をリアルタイムでチェック
セラーセントラルのトップ画面のキー指標
ビジネスレポート

4-10 販売実績について一喜一憂はしない方がいい理由 ········ 101
販売実績は冷静に分析することが大切
長期的な視点を重視する
一時的な要因に惑わされない
感情的な意思決定を避ける
継続的な改善に集中する
メンタルヘルスへの配慮

4-11 競合商品やライバルの動きはチェックしておこう ········ 103
競合商品は定期的にチェックする
競合者の類似商品は特に細かくチェックする

4-12 途中で法人に変更した際の手続きについて ········ 104
法人アカウントになっても変わらない

CHAPTER 5

販売をスタートしたらやるべきこと ····· 107

5-1 在庫登録やFBA納品 ····· 108
2つの発送方法の詳細について
FBAを使っている場合

5-2 ストア名をもう一度考えてみよう ····· 112
ストア名は重要

5-3 お客様の質問への回答 ····· 114
お客様からの質問に答える方法
Amazonが回答してくれる場合
質問が増えてきたらやること

5-4 販売ページの最適化 ····· 117
販売ページの作成ポイント
次の箇所の構成には気を付けましょう
広告の必要性と種類について

5-5 スポンサープロダクト広告（SP）の出稿と設定について ····· 122
スポンサープロダクト広告の仕組み
スポンサープロダクト広告のメリットとは
スポンサープロダクト広告を出せるのは大口出品者だけ
スポンサープロダクト広告を出す方法
スポンサープロダクト広告のターゲットの設定について
スポンサープロダクト広告の入札戦略について

5-6 プロモーションや販売促進 ····· 129
Amazonマーケットプレイス独自の販促支援について

5-7 外部のプロモーション ………………………………… 131
外部プロモーションとは

5-8 Amazon内のSEO（検索エンジン最適化） ……… 133
AmazonにおけるSEO対策の基本

5-9 ストアや商品へのレビュー …………………………… 136
ストア（出品者）へのレビュー
商品へのレビュー
削除申請は2通りの方法がある

5-10 商品バリエーションの登録 ………………………… 139
バリエーションの選択ができる販売ページのメリット
バリエーションを設定する方法

5-11 商品や在庫の一括登録 ……………………………… 141
商品の一括登録機能とは

5-12 パフォーマンスの指標のチェック ………………… 143
パフォーマンススコアの見方
カスタマーサービスのパフォーマンス
規約の遵守
出荷パフォーマンス

5-13 Amazonブランド登録 ……………………………… 146
Amazonブランドで登録するとは
ブランド登録のメリット

5-14 ストアページの作成 ………………………………… 148
ストアページのメリット
ストアページのオススメの掲載内容

5-15 レビュー対策（Amazon Vine） …………………… 150
レビュー対策の基礎知識
Amazon Vineのメリット

5-16 黒字にするための3つのコツ ……………………… 153
黒字化のための3つのポイント

CHAPTER 6
誰も教えてくれなかった！
売上が上がらないときの対処法 ……………… 155

6-1 思っていたのと違う現実にぶつかったらやるべきこと ……… 156
大切なのは壁にぶつかったときの対処法

6-2 上手くいっているライバルや競合商品を見てみよう ……… 158
ライバルをチェックする場合
競合商品をチェックする場合

11

競合商品のページでチェックするポイントとは

6-3 挫折しないためには正しい考え方や決意も必要 161
途中で挫折しないコツ

6-4 コントロールできるところに集中する 163
壁を突破するコツは自分でできることに集中すること
自分でコントロールすべきポイントとは

6-5 価格帯を見直す 165
価格設定は競合のもっとも安いところに合わせる
商品の付加価値は必ず掲載する

6-6 広告を見直してみよう 167
広告の目的は必ず明確にしておく
主な各指標のチェック
運用全体の指標のチェック

6-7 販促やプロモーションを見直してみよう 170
Amazon広告以外の検証について

6-8 販売ページを改善する 171
各販売ページの訪問数について
販売ページの見直した方が良いポイントとは

6-9 在庫の管理や補充タイミングを再チェックする 174
補充するタイミングと量のコツ
FBAを使っている場合の注意点

6-10 損切りのタイミングも大切 175
いざという時には目の前の利益に固執しない
損切のタイミングの見つけ方

CHAPTER
7

売上が伸びてきたら
次の一手を考えよう 179

7-1 売上を伸ばすための公式 180
売上げを構成する要素とは
せどりの場合には
考えられる施策カテゴリー

7-2 商品を特化するのか商品数を増やすのか 183
Amazonマーケットプレイスで売り上げを伸ばす2つの方法
オリジナル商品で売り上げを伸ばすには

7-3 やりがちな失敗の素 185
Amazonマーケットプレイスの失敗パターンを知る

7-4 新しい商品の投入 ···················· 187
新商品投入のメリットとデメリット、成功のためのポイント
新商品投入を成功させるポイント

7-5 広告やプロモーションの強化 ···················· 189
Amazonには広告を打つ順番がある！？
販促も計画的に考えて検討して行く

7-6 新たな販売チャンネルへの参入 ···················· 191
Amazon以外の販売チェンネルについて
楽天市場とAmazonの関係とは

7-7 業務の効率化や体制の見直し ···················· 193
ツールの活用
外注／アウトソーシングの活用
スタッフの雇用

7-8 海外への展開 ···················· 195
Amazon経由で海外へ進出する方法
Amazon販売を海外展開する際のポイント

CHAPTER 8

Amazonマーケットプレイスの問題解決やトラブル対応方法 ···················· 197

8-1 わからないことが発生したら ···················· 198
Amazonマーケットプレイスの出店で困ったら
Amazonサポート部門の活用
Amazonを得意とするECコンサルタント会社の活用
生成AIの活用

8-2 テクニカルサポートを最大限活用しよう ···················· 202
テクニカルサポートの活用法
基本はメールの連絡がオススメ
満足いく回答が得られなかった場合アプローチを変えてみる
購入者からクレームが来た場合

8-3 購入者から支払いがない場合 ···················· 206
保留注文に遭遇してしまったら
キャンセル手続きのデメリットについて

8-4 発送した商品が購入者に届かない場合 ···················· 208
配送状況の確認
お客様への連絡
配送業者への問い合わせ
同じ商品の配送の検討
テクニカルサポートへの報告や相談

8-5 返品や交換のリクエストがきた場合 ···················· 210

FBAで返品や交換を行う場合
お客様の方から返品する場合

8-6　出品停止、アカウントが停止や削除になった場合 212
出品停止の場合
アカウント停止
アカウント削除（閉鎖）

8-7　ベンダーセントラルなどAmazonのサポートについて 214
販売委託とベンダーセントラルの関係

**8-8　確定申告に必要な
Amazonマーケットプレイスの書類とは** 216
確定申告は避けて通れない

CHAPTER 9
未来のAmazonマーケットプレイス
はこうなる！ 219

**9-1　オリジナリティのある商品であることが
お客様から選ばれる鍵になる** 220
OEM商品はオリジナリティがポイント
オリジナリティがある商品を扱うメリット

9-2　モノ消費よりコト消費の商品やアイテムが選ばれる 222
現代のトレンドは「コト消費」関連商品
パッケージデザインやブランディングが重要になる

9-3　生成AIによる出品作業の効率化 223
AmazonマーケットプレイスにもAIの波がやって来る
生成AIがもたらすAmazonマーケットプレイスの未来

9-4　商品発送や物流の進歩 225
Amazon FBAの未来像について
ブロックチェーンの導入
リアル店舗とOMO(Online Merges with Offline)

9-5　グローバル展開とローカライズ 230
Amazonがおこなっているローカライズの中身

**9-6　変わるところと変わらないところ
商品を販売することの本質** 231
Amazonの不変の経営理念

おわりに 233
INDEX 235

CHAPTER 1

Amazonマーケットプレイスってなに？

SECTION 1-1

AmazonやAmazonマーケットプレイスとは？

Amazonマーケットプレイスをはじめる前に、AmazonやAmazonマーケットプレイスについて簡単に知っておきましょう。その歴史や規模、世の中に与えてきた価値について知っておくことで、Amazonマーケットプレイスへの理解や愛着がより深まります。

Amazonという企業について

Amazonは、アメリカのシアトルに本社がある会社が運営する世界最大級の通販サイトです。

現在アメリカの他、日本をはじめ、イギリス、ドイツ、フランス、イタリア、スペイン、オランダ、ポーランド、スウェーデンといったヨーロッパ各国、カナダ、メキシコ、メキシコ、ブラジルといった北中南米諸国、トルコ、アラブ首長国連邦（UAE）、サウジアラビア、エジプト、イスラエルなどのアラビア半島からアフリカ大陸の諸国、そしてシンガポール、オーストラリア、中国、インドなどのアジア・オセアニア各国など、世界22カ国・地域で運営されています。

Amazonはその国ごとに最大級の品揃えを誇る通販サイトで、本や家電、食品、洋服、スキンケア、インテリアなど、ありとあらゆるものが購入できます。

特にすごいところが、商品を検索しやすいこと、そして届くのがとにかく早いこと。会員になると送料無料になる「Amazonプライム」というサービスも人気です。

また、物品やモノの通販だけではなく、音楽や動画の配信サービスや、「Amazon Web Services（AWS）」といったクラウドコンピューティングサービスなど様々な分野にサービス範囲を広げていっています。

そんなAmazonは、創業者であるジェフ・ベゾスが1994年にワシントン州シアトルの自宅の書庫でAmazon.comを設立。最初はオンラインの書店としてスタートしたことが始まりです。

1995年の7月にサイトを一般公開すると、初日にアメリカの50の州から注文が入り、

その2か月後の9月にはニューヨークタイムズとUSAトゥデイがAmazonを記事として取り上げたことで知名度が大きく上昇。10月には月間の売上が2万ドルを突破します。

その後も書籍の取扱い量を増やし、1997年5月にナスダック市場に株式を公開すると、音楽CDの取扱い、翌年1998年にはDVDの取扱いも開始します。またイギリスやドイツでもサービスを開始し、現在の国際展開の第一歩を踏み出します。

このようにAmazonはジェフ・ベゾスの先見の明と、インターネットの急速な普及に乗ったビジネス戦略が功を奏し、年間売上高は約6億ドルに達し、創業から数年で急成長を遂げます。

ワシントンポスト紙はAmazonを「eコマースにおける圧倒的なリーダー」と評価し、AmazonはEC（イーコマース）企業のリーディングカンパニーとして確固たる地位を確立していきます。

そしてAmazonは1999年に本書のテーマである「Marketplace（マーケットプレイス）」のサービスを開始します。

Amazonマーケットプレイスの概要について

Amazon マーケットプレイスは、Amazonのサービスの一部で、第三者の販売者が自身の商品を販売できるプラットフォームのことです。このサービスにより、Amazon以外の企業や個人がAmazonに自身の商品を登録し、Amazonの広大な顧客基盤に向けて販売することが可能になり、Amazonマーケットプレイスに多くのメーカーや小売業者が参入します。

多くの企業や個人がAmazonの販売をはじめることで、Amazonの取扱い量は更に大きく増加し、EC市場の拡大と合わせてAmazonの市場もどんどん成長して行きます。

2005年にPrimeプログラムを開始し、送料無料や特別割引などの特典を提供。2007年には – Kindleの販売を開始し、電子書籍市場に参入と新しい施策やサービスを次々にリリース。その後も着実に成長を続け、2017年には、Whole Foodsを買収し、実店舗への本格進出も開始。実店舗とオンラインの融合施策も積極的に進めていきます。

2018年には時価総額で初めて1兆ドルを突破し、2021年には創業者のベゾスがCEOを退任し、アンディ・ジャシーが後任に就任しますが、本書執筆時点の現在、世界最大のEC（イーコマース）サイトであり、それ以外にもクラウド、AI、動画配信、実店舗など事業を多角化しながら発展を続けています。

Amazonジャパンの歩みについて

　Amazonの企業文化は、「顧客重視」と「イノベーション」を大切にしていることで知られています。お客さんを大切にすること、新しいことへの挑戦を推奨していることが、これらの成長を支えている大きな要因と言えるでしょう。

　日本では1998年9月に「**アマゾンジャパン**株式会社」が設立されました。そして2000年10月にAmazon.comの日本版のサイト「Amazon.co.jp」がリリースされます。

　Amazon.co.jpは、アメリカでのスタートと同じく当初は書籍のみの取扱いでしたが、徐々に品目を増やし、2002年11月に「Amazonマーケットプレイス」のサービスを導入することで大きく成長します。

　日本のBtoC（事業者から消費者間）のEC（イーコマース）の市場規模は約22兆7449億円（内、物販系約13兆9997億円）、CtoC（消費者から消費者間）の市場規模は約2兆3630億円とされています。※2022年 経済産業省『電子商取引に関する市場調査』より

　2023年の小売業の分野の市場規模を見てみると、日本全国の百貨店の市場規模が日本百貨店協会によると約5兆4211億円、コンビニエンスストアの規模が日本フランチャイズチェーン協会によると11兆6593億円になります。それらの数字と比較してみても、ECの市場規模は格段に大きいと言えます。

　Amazonの日本における正確な流通量は公開されていませんが、Amazonの売上高などから推計して、AmazonのおよそEC市場全体に占める割合は2割ほどではないかと言われています。なお、Amazonの方が若干多いのではと言われていますが、楽天市場のシェアも同じぐらいの割合で、Amazonと楽天市場で日本のEC市場の4割ほどのシェアを占めているとされています。

　またこちらも推計値になりますが、日本のAmazonの商品の取扱い数量はおよそ3億点以上、そしてプライム会員数は1500万人以上いるとされています。これは日本の総人口の10%以上に相当します。

　これらの数字からも、Amazonが日本のEC市場全体の中でも大きな存在感を持ち、インターネット通販として日本の消費者の生活にしっかりと浸透していること、重要な役割を果たしていることがわかります。

---

1 Amazonマーケットプレイスってなに？

● Amazonの歴史

1994年	ジェフ・ベゾスがAmazon.comを設立。
1995年	オンライン書店としてオープン。
1997年	株式を公開。
1998年	書籍以外の商品の取り扱いを開始。日本でアマゾンジャパン株式会社設立
2000年	日本でAmazon.co.jpがスタート。
2002年	日本でAmazonマーケットプレイスのサービスが開始。
2007年	日本でAmazonプライムのサービスが開始。
2007年	- AmazonのKindleが発売され、電子書籍ビジネスに本格参入。
2011年	- AWS（Amazon Web Services）の本格展開が開始。
2017年	- Whole Foods Marketを買収し、実店舗ビジネスにも本格参入。
2018年	- 時価総額で初めて1兆ドルを突破。
2019年	日本でAmazon マーケットプレイスの出店者数が50万を突破。

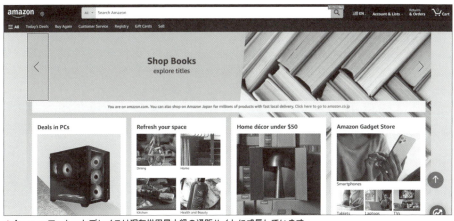

▲Amazonマーケットプレイスは現在世界最大級の通販サイトに成長しています

1 Amazonマーケットプレイスってなに？

SECTION 1-2
Amazonマーケットプレイスの特長とメリット

私たち出店者にとって、Amazonマーケットプレイスには次のような多くの特長やメリットがあります。

数多くのお客様やヘビーユーザーがすでにいる

日本でもトップのECプラットフォームであるAmazonには数多くのお客様やインターネットではAmazonだけで商品を購入する**ヘビーユーザー**もいます。自分でECサイトを立ち上げた場合、自分でお客様を集客しなければいけないですが、Amazonマーケットプレイスの場合、商品を出品するだけでそれらのお客様にアプローチできます。

月々の固定費も高くない

Amazonの出店プランである**小口出品**を選べば、商品が売れたときのみ追加で手数料がかかるので、月にかける固定費をゼロから、出店を開始することができます。大口出品を選択しても月に4900円（税抜）＋販売手数料なので、月にかかる固定の費用を抑えて出店して行くことができます。

購買意欲の高いお客様が多い

通常のサイトのお客様やGoogleやYahoo!などで検索しているユーザーに比べて、Amazonには元々欲しい商品を買いに来たと言う方だったり、あるカテゴリーの商品を買うために商品を探しに来たと言う方と言ったような、購買意欲の高い見込みのお客様が数多く訪れます。出店者にとって購買意欲の高いお客様にリーチしやすいのは大きなメリットです。

高い信頼性があるので商品が売れやすい

自分でECサイトを立ち上げて商品を販売しようとした場合、はじめたばかりの頃はサイトの信用や信頼が少ないため、商品は非常に販売しづらいのが普通です。一方、Amazonマーケットプレイスで販売を始める場合は、「Amazon」というブランドはすでに消費者から高い信用や信頼を得ているため、出店者もそのブランドを活用することで、商品が売れやすくなります。

FBAを活用することで業務量を大幅に軽減できる

AmazonにはAmazonの倉庫を活用し、在庫管理、梱包、配送、カスタマーサービスの一部業務などを出店者の代わりに実行してくれる、「FBA（フルフィルメント by Amazon）」というサービスがあります。FBAを活用することで、これらの業務をAmazonに委託することができるので、業務量の大きな軽減、効率化が図れます。

広告・プロモーションが充実している

Amazonマーケットプレイスにはスポンサープロダクト広告、スポンサーブランド広告、スポンサーディスプレイ広告といった各広告や、割引、クーポン、セールと言った各プロモーションツールが充実しているので、商品の露出を高めて売上を伸ばしやすい仕組みがあります。

セラーセントラルで管理がかんたん

Amazonマーケットプレイスの管理画面である「セラーセントラル」から、かんたんに売上や在庫状況の概要や詳細を、把握、管理することができます。

海外に販売を展開しやすい

輸出する場合、海外各国のAmazon FBAを活用することで現地での販売をAmazonが実行してくれます。また日本のAmazonに商品登録した商品であれば、海外のAmazonにすぐに出品、商品レビューなどの評価も引き継げます。ほぼ日本のAmazonと同じシステムを活用して販売できるので、Amazonを活用することで海外市場へ進出しやすくなります。

出店者向けのサポートが手厚い

システム面でわからないときや困ったときに、メールでも電話でも質問できるテクニカルサポートがあります。また出店者向けのガイドやフォーラムもあり、販売をやりやすくするサポートが充実しています。

検索エンジン上のSEO効果がある

Amazonは強力なSEO施策をおこなっているので、Amazonに掲載されている商品は、Amazon外のGoogleやYahoo!といった検索エンジン上でも、検索上位に掲載される確率が非常に高くなり、購入されやすくなります。※SEOとは、GoogleやYahoo!といった検索エンジン最適化（Search Engine Optimization）の略で、サイトを検索エンジンの上位に表示させるための施策のこと。

以上、Amazonマーケットプレイスには、出店者にとって、これだけ多くの特長やメリットがあります。出店者には非常に出店しやすい環境が整っていると言えるでしょう。

SECTION 1-3

Amazonへの出店は儲かるってホント？

ECやオンライン市場の拡大とともに、Amazonで商品を販売することへの関心が高まり、Amazonマーケットプレイスの出店者数は右肩あがりに増加しているといわれていますが、「Amazonへの出店は本当に儲かるの？」と疑問に感じる方も多いのではないでしょうか。

Amazonは本当に儲かる？

　結論から言えば、Amazonへの出店は適切なやり方と行動をすれば、売上も利益も大きく上げて行くことができます。

　ただ、やみくもにやったり、行動したがやめてしまった、と言った場合には当然成果は出にくくなります。ポイントをおさえながら、しっかり実行して行くことが大切です。

　実践のポイントは詳しくはこの本で順をおってお伝えできればと思いますが、それらは一つ一つは難しいものではありません。色んなことが一緒になっているように見えるので難しく見えているだけです。きちんと順を取り組んでやっていけば初心者でもできるようになりますので、安心して取り組んでいただければと思います。

　Amazonマーケットプレイスの販売の大きな流れは次のようになります。

①出品用アカウントの作成

　Amazonマーケットプレイスで出店して商品を販売するためには、**出品用アカウント**を作成する必要があります。順をおって作成して行きましょう。

②商品の選定、商品登録

　アカウントを作成したら、出品する商品を選んで登録していきましょう。商品の選定は非常に重要です。需要が高く競合が少ないもの、もしくはオリジナリティのある他の出品者と差別化できる商品を選んで登録して行くことが必要です。

③FBAの活用

　FBA（フルフィルメント by Amazon）を活用することで、在庫管理、配送やお客様対応などの業務をAmazonに委託できることに加えて、商品も売れやすくなります。自身

---

1 Amazonマーケットプレイスってなに？

で発送することも可能ですが、FBAを利用できる場合はFBAを活用して行きましょう。

④販売ページの作成

自身がメーカーとなっている商品や、仕入れ商品でも独占的に販売できるような商品の場合は、A+とよばれる詳細な販売ページの作成をして行きましょう。販売時の成約の確率もあがり、売上や利益を伸ばして行くことができます。

⑤広告やプロモーションの活用

Amazonの用意している各広告を活用することで、商品の露出を大幅に増やすことができます。また、割引、**クーポン**、**セール**などの各プロモーションを活用してお客様が商品を目にする機会を増やすことができます。

以上がAmazonマーケットプレイス出店、販売の大きな流れになります。

後述する実践のポイントをおさえながら継続的に行動と改善を続けて行くことが、Amazonで儲けて行くためのキーになります。

はじめは慣れていないので時間がかかることが多いと思いますが、慣れてくることでその時間はどんどん短縮していけます。しっかり取り組んで行動することによって、Amazonマーケットプレイスの販売が、あなた個人の会社やあなたの大きな収入源になって行くでしょう。

▲Amazonマーケットプレイスでは、売れる販売ページを簡単につくれます

SECTION 1-4

Amazonでの商売のやり方は基本4種類

Amazonマーケットプレイスでの販売は、まず「仕入れした商品」を扱うのか、もしくは「製作した商品」を扱うのかに大別できます。その上で基本的な商売のやり方には「せどり」「輸入」「輸出」「オリジナル商品販売」の4種類の方法があります。

個人と法人の販売方法の違い

　個人の方は「せどり」「輸入」「輸出」のいずれかの形、法人の方は自社の「**オリジナル商品販売**」の形をとられることが多いですが、商売の進め方に決まりはありません。

　例えば個人の方が「せどり」で商売を始めたあとに、商品を製作し「オリジナル商品販売」に取り組むことも多くありますし、法人の方が「オリジナル商品販売」に取り組み、日本で人気が出たので、海外に「輸出」を始めたり、逆に仕入れ商品を「輸入」販売するケースも珍しくありません。

　現在のあなた自身の状況に照らし合わせて基本的な商売のやり方を選んで行きましょう。

せどり

　せどりは、市場で商品を仕入れて、それをAmazonマーケットプレイスで販売するビジネスモデルです。実際の店舗やオンラインで商品を仕入れ、その価格差を利益として得ることを目指します。初心者でも売れやすく価格差がある商品を仕入れられれば売上と利益が上げやすいことが利点です。

輸入

　輸入では、海外から商品を仕入れて、Amazonマーケットプレイスで販売します。欧米や中国からの商品を輸入することが一般的ですが、輸入先に決まりがあるわけではありません。また海外のメーカーから商品製作の許可やライセンスを受けて、そのメーカーの商品として製造、販売するケースもあります。

輸出

　輸出では、日本国内で仕入れた商品や製作した商品を、海外Amazonマーケットプレ

イスで販売します。Amazonは世界中の国で展開されていますが、販売先はアメリカやドイツ、フランスなどの欧米が一般的です。商品の輸出の際の通関手続き、輸出できないものや各国の法的な規制もあるので、それらのルールを良く理解することも重要です。

オリジナル商品販売

　自ら製造、生産した商品を、独自のブランド名でAmazonマーケットプレイスで販売するやり方です。Amazonマーケットプレイスでは大企業から中小企業、個人事業主、副業をしている会社員の方まで、自らの商品を販売する事業者が多く参入しています。第三者に第三者に商品の製造を委託するOEM（Original Equipment Manufacturing）の形をとれば小資金で商品を製作することも可能です。

　Amazonマーケットプレイスの基本的な商売のやり方は上記４つ、もしくはその組み合わせのパターンになります。

　この本では全てのケースを想定して、出店のやり方をお伝えしていきますが、現在のご自身のケースに当てはまらない箇所についてはすぐに読む必要はありません。今のご自身に必要な部分を参照するようにしてみてください。

▲あなたの状況に合わせて商売のやり方を選んで行きましょう

SECTION 1-5

Amazonに限らず一攫千金の商売はできるわけがないと肝に銘じておく

前述の「Amazonへの出店は儲かるってホント？」では、Amazonで稼ぐことは難しくないとお伝えさせていただきましたが、一方でいきなり大儲け、一攫千金ができるとは思わないことも重要です。

成功の秘訣はAmazonでも同じ

　読者の皆様には釈迦に説法になるかと思いますが、Amazonに限らず、一般的には一攫千金の商売は現実的ではありません。成功するビジネス、商売や投資は、通常、時間と労力をかけて構築され、リスクを管理しながら持続的な成長を遂げて行きます。

　例えばAmazonマーケットプレイスの出店で言えば、いきなり一攫千金を目指そうとすると、例えば必要以上にたくさんの在庫量をもって販売をスタートする、広告費を大量にかける、と言ったような高いリスクを負わなければなりません。高いリスクを負ったらからといって、成功する保証もありません。

Amazonで成功している理由

　Amazonマーケットプレイスで成功しているお店は、必要な**アクション**とステップを実践して、常に見直しや改善を重ねています。

　成功する多くのビジネスや事業は、商品や販売方法以外にも、複数の要素が相互に働いて成果を生み出しています。状況なども人によって様々なので、ビジネスを持続的に成長させるためには腰をすえて、順をおって取り組むことが重要です。

　また、一攫千金を得たいと言った投機的な動機や一時的なトレンドに依存するようなビジネスや事業は仮に短期的に上手く行ったとしても、長続きしないことがほとんどです。

　値段以上に価値ある良い商品を必要な人たちに届けることが大事です。

　Amazonマーケットプレイスの販売では、商品を通してしっかりした価値を提供して、長期的な成功を目指して行きましょう。

1

Amazonマーケットプレイスってなに？

SECTION 1-6 Amazon マーケットプレイス のデメリットについて

前述の「Amazon マーケットプレイスの特長とメリット」ではAmazon マーケットプレイスに出店するプラスポイント、良い点を挙げていきましたが、ここではAmazon マーケットプレイスに出店することのマイナスポイント、デメリットについてお伝えします。

Amazon マーケットプレイスに出店するデメリットには次のような点が挙げられます。

競争が激しい

Amazon マーケットプレイスには、たくさんの出品者がいます。同じような商品を安い価格で売る人たちがいると、自身の商品が売れにくくなってしまう場合もあります。他のお店とは違う差別化された商品や、需要は多いけれど供給が少ないと言ったような商品を扱う必要があります。

Amazon のルールに従わなければならない

Amazon には、出品者が守らなければならない**ルール**があります。これらのルールに従わないと、出品停止などのペナルティを受ける可能性があります。またAmazon は定期的に規制やポリシーを変更することもあるので、その場合出品者は都度対応する必要があります。

お客様とのコミュニケーションが制限される

Amazon マーケットプレイスを通じて商品を販売する場合、お客様との直接のやりとりが制限されます。顧客のニーズを深く理解したり、**リピーター**を増やすことが通常の場合に比べて難しくなります。

手数料や広告費などが利益を圧迫する

Amazon マーケットプレイスの出品には**販売手数料**やFBA 手数料などの様々な手数料が徴収されます。また、広告やプロモーションをかける場合、広告費やプロモーション費用がかかります。これらの手数料や広告費が利益を圧迫するケースがあります。利益計算をしっかりして状況を把握することが大切です。

Amazonマーケットプレイスへの出品のデメリットは前述のようなものがあります。ただ、こう言ったデメリットはありますが、Amazonマーケットプレイスは上手に活用すれば、それ以上のメリットがあり、多くの人たちに商品を届けられるチャンスでもあります。

　私たちにとって大切なことはデメリットがあるからやらない、と言うことではなく、どんなことにも**メリット**の他に**デメリット**という側面があることを理解しつつ、メリットを最大化して行くことです。上記のことを念頭に入れて、都度ルールの中で必要な対応をして行きましょう。

▲Amazonにはたくさんの守らないといけないルールがあります

SECTION 1-7 スタートで間違えると大きな損失 しか残らないという厳しい現実

Amazonマーケットプレイスで成功をおさめる出店者も多い一方で、上手くいかない出店者も少なくありません。

　　上手く行かない出店者の特長の一つに、最初に過大な期待をし過ぎて、はじめから大々的にやり過ぎてしまう、という点があります。慣れない出店の初期段階では特に注意が必要です。スタートでちょっとした間違いを犯すことで、大きな損失につながることがあります。

商品自体や情報の不備による返品やクレーム

　　商品自体や、商品の説明や画像などの情報に不備があると、お客様から満足してもらえません。その結果、売上が伸びない、あるいは**返品**や**クレーム**が増えて損失が出たり後述するアカウントのパフォーマンスのスコアの状態が悪化して出品停止になってしまったり、最悪アカウント自体が停止や削除となってしまうケースもあります。

　　また不備まではいかないが、販売ページのクオリティーが十分ではないために販売数が伸びない場合もあります。

規約違反による出品停止やアカウント削除

　　上記のような返品やクレームが増えることでパフォーマンスの**スコア**の状態が悪化する他、悪気がない状態であっても、販売ページに事実と違う表現やAmazonの規約や法に触れる表現をしてしまうなど、Amazonの規約に抵触してしまうことで、出品停止やアカウント停止や削除となってしまうケースもあります。

　　出品停止は停止の原因となった状態を改善することで再出品が可能となることが多いですが、**アカウントが停止**となってしまうと再度アカウントを活動状態にすることは容易ではありません。削除になってしまうともうリカバリーは不可能になります。

適正な在庫管理ができないことによる損失

　　商品が思ったように売れないとき、商品を仕入過ぎてしまっていたり、製作し過ぎてしまっていると、売れ残りの在庫を多く抱えてしまうことがあります。余計な在庫を多く抱えてしまうことで、商品の仕入費用や製作費用が回収できないことと合わせて、保

1

Amazonマーケットプレイスってなに?

29

管コストもかさみ大きな損失につながります。

　一方で逆に在庫が足りない場合は販売機会の損失につながります。特にビッグセール時に在庫切れになってしまい本来であれば売上を伸ばせたところが、伸ばせないようなケースもあります。

過剰な広告投資による資金の損失

　オリジナル商品を販売する際に、Amazonの**スポンサープロダクト広告**、スポンサーブランド広告、スポンサーディスプレイ広告の基本が理解できない状態で広告設定してしまうことで、無駄な広告費を多く費やしてしまうこともあります。出品してから日が浅い状態でAmazon内の検索順位を上げる**SEO対策**のために、広告費を多く投入して検索順位を上げることも手法としてあるのですが、慣れていない状態でそれを実行しようとすると多くの場合失敗します。

　第三者であるプロに依頼することも可能ですが、ある程度基本が理解できていないと運用結果の評価ができないので、大きな広告投資はまずはしっかり広告の基本を理解してから実施することを私はオススメします。もちろんある程度Web広告の基本が理解できているのであれば第三者に委託しても良いでしょう。

　Amazonマーケットプレイスに限らず、商売を続けていくコツの一つが「大きな損失を避ける」ことです。ベストの対応や結果が出ないときも、ベターとまではいかなくても、最悪のケースを避けることができていれば、いつでも成長のチャンスはあります。

　始めたばかりのころは焦らず慎重に、やるべきことを一つ一つ順を追って丁寧に進めて行きましょう。

▲発生してしまった返品や返金にも適切に対応していきましょう

SECTION 1-8
商売は誰でも大なり小なり 必ず壁にぶつかる

Amazonマーケットプレイスの出店に限らず、商売をしていると必ずぶつかるものが「壁」です。どんなに大成功している人でも必ず「壁」にあたることを経験しています。商売を始めると最初から上手くいくケースもあります。ただ、しばらくすると、思うように行かなくなることがほとんどです。

Amazonでの売上の壁は成長のチャンス

売上が伸びなかったり、思ったようにお客さんが来なくなったりすることがあります。あるいは、競争相手が現れて、売上が下がることもあるでしょう。これらは、商売をする人なら誰でも経験する「壁」です。

Amazonマーケットプレイスへの出店や販売についても例外ではありません。取り組んでいたらどんな出店者でもどこかで必ず壁にぶつかります。

そして、この「壁」にぶつかったときは「成長」のチャンスです。壁を乗り越えたときには大きな成長が待っています。ですので「壁」にあたったときは、それをどう乗り越えるのかを考えて行動することが大切です。

壁に遭遇したらやることがある

商品の見せ方を変えてみる、品揃えを工夫してみる、広告やプロモーションのやり方を修正してみる。いろいろなことにチャレンジすることで「壁」を乗り越える方法を見つけていきます。タイミングは人それぞれですが、「壁」を乗り越える方法は必ず見つかります。

壁や障害は、成功するための試練として捉えることもできます。向き合って行動と修正を重ねることで、ビジネスもあなた自身も必ず成長していきます。ねばり強く取り組むことが重要です。

商売は簡単ではありませんが、「壁」を乗り越えられたときの喜びは、とてもすばらしいものでもあります。ぜひ「壁」を恐れずに、チャレンジしてみてください。

1
Amazonマーケットプレイスってなに?

31

SECTION
1-9

他のECショッピングモール／プラットフォームとの違いとは

Amazonマーケットプレイスが、他のECショッピングモールやプラットフォームと違う、最大の特長は「効率的に大きく販売できる」点になります。

FBAはAmazon独自のサービス

特に**FBA**と呼ばれるAmazonの「フルフィルメント by Amazon」というサービスを活用することで、Amazonの倉庫を利用、在庫管理から配送、**カスタマーサービス**の一部までAmazonが代行してくれるため、私たち出店者は販売活動に専念することができます。

他のモールとの対象とする顧客層の主な違いは次の通りとなっています。

	対象とする顧客層
Amazon	幅広い年齢層、購買力を持つ顧客
楽天市場	主に30代以上の女性、購買力を持ちポイント還元を好む顧客
Yahoo!ショッピング	幅広い年齢層、Yahoo！サービスの利用者、値段が安い商品を好む顧客
メルカリ	主に20代〜30代の男女、中古品や個人販売に抵抗がない顧客
Yahoo!オークション	主に30代以上の男性、オークションや値段が安い商品を好む顧客
自社サイト(Shopify・BASEなどのASP)	ブランドに共感する顧客、特定のカテゴリーや市場

※自社サイトにはShopifyやBASEといったASP（Application Service Provider）を利用する方法の他、パッケージやオープンソースを利用する方法、フルスクラッチで制作する方法などあります。

他のモールはある特定の顧客層に偏りがちですが、Amazonには幅広い顧客層と大きな市場があることに加えて、簡単に出品でき、かつ販売ページを作り込んで行くこともできるので、効率的に大きく商品を販売して行くことができます。

Amazonマーケットプレイスの特長を活かしてあなたのビジネスを成長させて行きましょう。

1 Amazonマーケットプレイスってなに？

SECTION
1-10

Amazon マーケットプレイス で成功している人たち

Amazonマーケットプレイスに出店している人たちには、誰でも知っている大企業や中小企業から個人事業主、また副業でやっている個人の人たちまでさまざまです。Amazonマーケットプレイスでの販売を通じて大きく成長している出店者も決して珍しくありません。

Anker が成功した理由

例えば、電子製品やモバイルアクセサリーを提供する「Anker」という企業があります。Ankerは2011年に設立され、モバイルバッテリーやUSBケーブルなどのスマートフォンやタブレットの周辺機器を中心に製品を展開してきましたが、もともとは、Amazonマーケットプレイスを主要な販路として大きく活用して売上を伸ばしました。

Ankerは顧客レビューを重要視する販売方針で、現在はAmazonの売上ランキング上位を占める人気ブランドに成長しています。そして成長することによって得ている販売データを活用して製品の改良や開発をおこない、更に成長を続けています。

Ankerは現在ではオーディオなどにも製品カテゴリーを拡大していますが、Ankerの躍進はAmazonマーケットプレイスの力を上手に活用して大きな成果を上げた出店者の成功例と言えるでしょう。

またAnkerほどではなくても、知名度の高くない中小企業や、個人事業主や副業でやっている個人の方でも、実は大きく売上を上げている方も出店者も多くいます。

Amazon ランキングに隠された見方

そう言った実例は、Amazonのトップページにある「ランキング」から見ることができます。

誰でも知っている企業の商品もありますが、聞いたことのないブランドや出店者の商品も数多くあるのが通常です。ランキングを見ると、売れ筋の上位であっても、知名度の高い企業やブランドだけではなく、さまざまな出店者が商品を販売していることがよくわかります。

1

Amazon マーケットプレイスってなに?

33

　Amazonマーケットプレイスは、大企業だけでなく、中小企業や個人でもインターネットを上手に活用すれば日本や世界中の人たちに商品やモノを届けることができる時代になっていることを強く感じさせてくれます。

　次はあなたの番です。未来にワクワクしながら出店に取り組んで行きましょう。

1 Amazonマーケットプレイスってなに？

CHAPTER 2

Amazonマーケットプレイスはなぜ人気が高いのか？

SECTION 2-1 Amazonマーケットプレイスの市場規模や流通額

CHAPTER1でお伝えしたように、Amazonマーケットプレイスは日本でも広く普及しています。正確な数については公表されていませんが、Amazonの市場規模は4兆円ほど、約11万といった数の会社や個人が出店者として参加していると言われています。

EC市場におけるAmazonのシェア

2023年の経済産業省『令和4年度電子商取引に関する市場調査』によると、2022年の日本のBtoC（事業者から消費者間）のEC（イーコマース）の市場規模は約22兆7449億円とされ、その内物販系の市場規模が約13兆9997億円、CtoC（消費者から消費者間）の市場規模が2兆3630億円ほどとされています。

BtoCとCtoCの合計した物販系の市場規模が16兆円ほどだとすると、市場規模の約2割から3割はAmazonが占めていると考えられます。

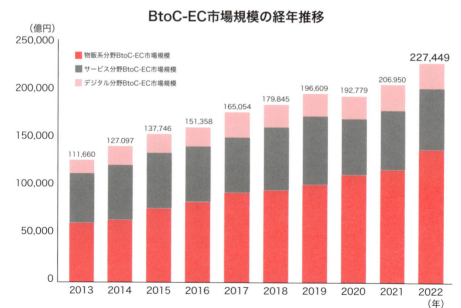

※経済産業省『令和4年度電子商取引に関する市場調査』より

SECTION
2-2

Amazonがお客様に支持されている理由

ご存じの通りAmazonは日本のみならず、世界中の多くの人たちに愛用されているオンラインショッピングサイトです。ではなぜ、これほどまでにAmazonは人気があるのでしょうか。その理由を改めて知っておくことはAmazonマーケットプレイスで商品を販売する上でも重要です。

使いやすいショッピングサイトである

Amazonの大きな特長の一つが、商品を探しやすく、注文も簡単にできる点です。初めての人でもすぐに使いこなせますし、一度登録していたら注文も更に簡単です。

豊富な商品がある

Amazonでは、本からおもちゃ、家電まで、ありとあらゆるものが買えます。店頭に行かなくても、自宅にいながら欲しいものが手に入るのは便利です。

配送が早い

Amazonでは、注文してから、すぐに商品が届きます。特に「Amazonプライム」に登録していると、お急ぎ便が無料になるのでとてもお得です。

豊富なレビューや返品対応があるので安心である

Amazonの商品ページには他のお客様の**レビュー**があり、購入前に他のお客様の感想を知ることができます。また、もし届いた商品が気に入らなければ、簡単に返品・交換ができるので、お客様としては安心感があり、注文しやすい形になります。

リーズナブルな価格である

Amazonでは、類似の商品や同じ商品でも、他のお店よりも安く買えることも多いです。時々開催されるセールをチェックすると、さらにお得に購入できます。

Amazonの人気の理由には上記のような理由があります。Amazonマーケットプレイスで販売する際は、お客様はAmazonでの買い物に対して上記のような期待をしている、と言うことを理解しておきましょう。

2 Amazonマーケットプレイスはなぜ人気が高いのか?

SECTION 2-3 Amazon マーケットプレイスの売れ筋カテゴリー

Amazon で売れている商品のカテゴリーは、時期やタイミングによっても日々変動していますが、主に以下のようなカテゴリーがあります。

Amazon で人気のある主なカテゴリー

●家電・電化関連
掃除機と言った小型家電から大型家電、生活に便利な家電製品は良く売れています。

●ホーム・キッチン、日用品関連
家のものやキッチン用品、トイレットペーパーやティッシュなど、毎日使うものもAmazon で買う人は多いです。

●ゲーム関連
ゲーム機器やゲームソフトなども人気のカテゴリーの一つです。

●ファッション関連
衣類、靴、アクセサリーといったアパレル、ファッションアイテムも良く売れています。

●スポーツ・アウトドア関連
スポーツやアウトドア関連の商品も安定的に需要があり、人気のあるカテゴリーです。

●楽器・音響関連
ギターと言った楽器や音響関連のカテゴリーも一定のお客様がいます。

●家具、インテリア雑貨
机やデスク、椅子やチェアーといった家具やインテリア関連の商品もニーズのある分野です。

●ヘルスケア・ビューティ製品

健康用品や美容関連、スキンケア商品と言った商品も定期的に売上の上がるカテゴリーです。

●おもちゃ

ぬいぐるみやブロックなど、子供から大人まで楽しめるおもちゃが売れています。

●本・書籍

漫画や小説、勉強に役立つ参考書なども人気です。電子書籍であるKindle（スマホやタブレットで読める本）が多く売れていますが、まだ紙の本も良く売れています。

●DIY・工具・ガーデン用品

DIYや工具、ガーデン用品なども一定の需要があります。

●食品・飲料・お酒

初心者には若干難しいですが、食品や飲料関連のカテゴリーも売れている分野です。

このように**Amazonマーケットプレイス**には売れているカテゴリーは多くあります。

ただ、注意していただきたいのが、多くの商品やモノが売れているカテゴリーが必ずしも「儲けやすいとは限らない」ことです。

利益を出すための基本的な考え方

利益を出すためには需要があることは大前提ですが、競合商品が少ない方が有利です。例え市場自体が小さい**カテゴリー**でも他の出品者も少なければ、そのカテゴリーは儲けやすい分野になります。

人気のカテゴリーはその分出品者が多く、広告をかける場合は広告費がかかりがちなので、商品の差別化が必要になってきます。

例えばペット用品のカテゴリーは他の分野に比べて市場が小さいですが、出品者が少ない傾向があるので、競合商品が少なく、参入のハードルが低いカテゴリーの一つです。

Amazonのカテゴリーや人気商品は日々更新されていて、Amazonの**トップ画面**からでもチェックできます。どんなカテゴリーの商品があるのか、どんな商品が売れているのか、定期的にチェックしてみましょう。

▲「すべて」や「ランキング」の箇所でチェックできます

2 Amazonマーケットプレイスはなぜ人気が高いのか？

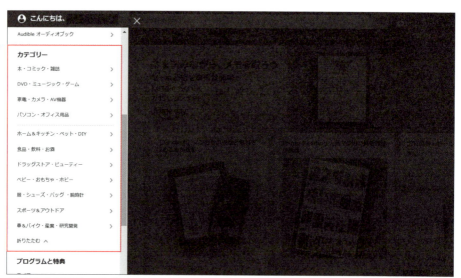

▲「すべて」の箇所で、カテゴリーの一覧があります。一覧のリンクから、それぞれのカテゴリーの商品を見ることができます

▲「ランキング」では全てのカテゴリーの人気商品をチェックしていくことができます

▲「すべて」の箇所からランキングを見ることもできます

▲それぞれのカテゴリーの売れ筋商品がわかります

2 Amazonマーケットプレイスはなぜ人気が高いのか？

SECTION 2-4 Amazon FBAってなに？

Amazonマーケットプレイスでは、自分のお店を持って商品を販売することができますが、商品の保管や発送、お客さんからの質問の対応など、やるべきことが多岐にわたります。やることがたくさんあって大変、と感じている方もいらっしゃるのではないでしょうか。

販売以外にやることが多い時にFBAが役に立つ

そんな時に便利で大幅にやることや時間を短縮できるツールが、Amazon FBA (Fulfillment by Amazon)と言うサービスです。**FBA**を利用することで、商品の保管から発送まで、Amazonに業務を任せることができます。

また、FBAを利用することで、販売ページの商品配送の表示がAmazonになり、商品も売れやすくなります。お客様から見るとAmazonが販売しているようにも見えますし、送料込みの値段表示なので、送料無料のようにも見えます。FBAを活用することで、業務が楽になるだけでなく、売上も伸びやすくなります。

FBAの利用の仕方もとてもシンプルで簡単です。後述しますが、**セラーセントラル**の在庫管理画面から商品をFBAの販売に変更、必要な情報を入力して、商品をAmazon FBAの倉庫に送るだけです。

その後、商品が売れたら、自動的にAmazonが商品をお客様に配送してくれます。配送のほか、商品の保管、包装、お客さんからの質問やクレーム対応などの、**カスタマーサポート**の一部の業務も代わりにやってくれるのでとても便利です。

FBAを利用するためにAmazonに手数料や保管料を支払う必要がありますが、それ以上の多くのメリットがあります。業務負担の軽減や売上が伸びやすいほかにも、例えば、通常個別に倉庫を借りたり契約したりするとある程度の資金が必要になりますが、FBAを使うことで非常にリーズナブルに倉庫を利用することもできます。

FBAがやってくれる主な業務は以下の通り

●商品の保管、管理
　出店者は商品をAmazonから指定された倉庫（フルフィルメントセンター）に送ります。Amazonが受け取った商品を保管し、在庫管理をおこないます。

●注文の処理から梱包
　お客様が商品を注文すると、Amazonは注文を受け取り、商品を取り出して梱包します。

●配送手続き
　商品が梱包されたら、物流会社と連携して、商品をお客様の指定先まで配送します。FBAを利用することで、お客様は素早く迅速に商品を受けとることができます。

●カスタマーサポート
　お客様が商品の配送に関する問い合わせや返品、交換などのサポートを必要とする場合、Amazonが代わりに対応してくれます。

　FBAを活用することで、私たち出店者は商品を売ることに集中することができます。上手に活用して売上と利益を伸ばして行きましょう。

▲FBAを活用することで業務量が減り、売上が伸ばしやすくなります

SECTION 2-5 Amazonマーケットプレイスには売上を伸ばすためのツールがたくさん

Amazonマーケットプレイスには、商品の販売を増やすためのマーケティングのツールがたくさんあります。「せどり」の場合はあまり活用することはないですが、「オリジナル商品販売」をする場合は広告中心にこれらのツールを上手に活用していくことが必須になります。

一つ一つの詳細は後ほど見ていければと思いますが、ここではどんなツールがあるのか、概要をつかんでおきましょう。

広告

AmazonではAmazon内でお客様を集めるための広告をツールとして活用できます。広告には大きく、**スポンサープロダクト広告**、**スポンサーブランド広告**、**スポンサーディスプレイ広告**、DSP広告といった広告があり、これらの広告を活用すれるすることで、もっとたくさんのお客さんに商品を見てもらうことができます。

Amazonマーケットプレイスで商品の売上を大きく伸ばすためにはこの広告が基本になってきます。

割引プロモーション

Amazonでは商品ごとに割引金額／割引率と期間を設定して**割引プロモーション**が活用できます。プロモーションを上手に活用することで売上を増加させることができます。

クーポン

商品を買うときに割引に使えるクーポンを配布することができます。お客様はクーポンを使ってお得に買い物ができるので、商品が売れやすくなります。

ポイント還元

商品を買うときにAmazonのポイント付与率を増減することができます。ポイントが多くもらえるとお客様にはお得になるので、お客様に商品を買ってもらえる確率が上がります。

タイムセール

　期間限定で商品の値段を安くするキャンペーンになります。お客様は安くなった機会に商品を買おうと思うので、売上が増えやすくなります。

ビッグセール

　Amazonでは**ブラックフライデー**や**プライム感謝祭**といった**ビッグセール**を定期的に開催しています。ビッグセールは売上を大きく伸ばすことができるので出店者にとっては大きな売上アップの機会になります。

　Amazonマーケットプレイスで売上を伸ばすための**マーケティングツール**には上記のようなものがあります。これらのツールの設定は出店者がそれぞれ個別に設定できるので、あなたの状況に合わせて適切な形で実施することで、売上を大きく伸ばすことができるでしょう。

▲Amazonには売上を伸ばすためのツールが複数用意されています

SECTION 2-6 Amazonマーケットプレイスには勉強会がある!?

Amazonが直接的に主催する勉強会という形態はないのですが、Amazonマーケットプレイスの出店について学べるサービスがあります。それが「Amazon出品大学」です。Amazon出品大学ではAmazonの出品からFBA出品、在庫管理、広告のかけ方など様々なトピックを解説してくれています。

フォーラムで質問するという方法もある

「**フォーラム**」という場所では、他の出店者たちの質問や、それに対する他の出店者たちの回答が見られたり、また出店者自身もディスカッションという形で質問を投稿することができます。

Amazon出品大学とフォーラムは、**セラーセントラル**のトップ画面から、それぞれ行くことができます。

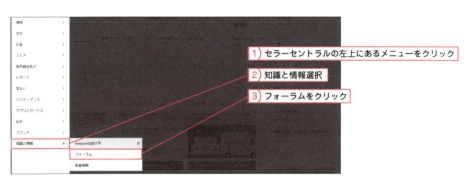

▲セラーセントラルのトップ画面の下のほうにもリンクがあります

▲Amazon出品大学の画面

▲セラーフォーラムの画面

※その他、Amazonには、Amazon Web Services（AWS）のトレーニング、**AWS**のパートナープログラムである Amazon Parter Network（**APN**）、開発者向けにAPIや開発ツールに関する情報を提供しているAmazon Developper Centerなどの**サポートサービス**があります。これらのサービスはAmazonマーケットプレイスの出店に直接関係しないサービスですので、本書では省略いたします。

SECTION 2-7 Amazonの顧客層の購買欲が高い理由

Amazonに来るお客さんはとても購買意欲が高いと言われています。そのまず第一の理由は、Amazonが「ショッピングモール」であることです。Amazon、楽天市場、Yahoo!ショッピングなどのショッピングモールに来るユーザーは、基本的に「買い物」のためにサイトを訪れています。

Amazonには購入意欲の高いユーザーが訪れる

GoogleやYahoo!といった検索から、インターネット上のWebサイトを訪れるユーザーには色々な人たちがいます。もちろん買い物意欲の高いユーザーもいますが、ただ漠然とキーワードを入れて検索しているユーザーや、たまたま広告をクリックするようなユーザーも少なくありません。

そう言ったユーザーは仮に販売ページを訪問したとしても、その販売ページで買い物をする確率は高くありません。

一方でショッピングモールにくるユーザーは基本的には買いたい物がある程度決まっている人たちが多いです。買い物をするためにサイトを訪問しているので、当然販売ページで買い物をする確率は高くなります。

そういった**ショッピングモール**の中でも、特にAmazonのお客さんは他のショッピングモールに比べて購買意欲が高いと言われています。

その理由には次のような点が挙げられます。

●Amazonは購入しやすい

Amazonは商品をカートに入れるだけ、場合によっては1クリックの注文ですぐに商品を注文できます。注文画面や注文の仕方が非常にわかりやすく、時間をかけずに買い物をすることができます。

●Amazonは配送が早い

Amazonの配送は早くて便利です。注文してすぐに商品が届くので、買い物する気持ちが高まります。「**Amazonプライム**」に登録すれば、配送料無料で当日に届いてしまう

---

2 Amazonマーケットプレイスはなぜ人気が高いのか？

こともあります。

●おすすめ商品の提案が多い
　Amazonは、お客様の購入履歴や閲覧履歴を基に、おすすめの商品を提案してくれます。ユーザーにとっては自分が興味を持ちそうな商品が見つけやすいので、一緒に購入するケースも少なくありません。

　このようにAmazonマーケットプレイスは、ショッピングモールなので元々購買意欲の高いお客様が訪問しやすい特長に加えて、更に他のショッピングモールに比べてもお客様の買い物の意欲を高める仕組みや工夫があります。

　私たち出店者はそう言ったAmazonマーケットプレイスの特長をつかんで上手に活用して行きましょう。

▲「よく一緒に購入されている商品」の提案もしてくれます

2　Amazonマーケットプレイスはなぜ人気が高いのか？

SECTION 2-8 Amazon ブランドを 上手に活用するためには

ここまで見てきたように、Amazon マーケットプレイスには売上を伸ばす仕組み がたくさんありますが、私たちが大きなチャンスを掴むためにはAmazon ブランドを上手に、柔軟に活用することが大切です。

Amazon での出品のコツとは

　例えばたくさんの商品を扱っているのであれば、Amazon で自身が扱える商品を全て出品する必要はありません。Amazon で売れそうな商品のみ出品しても構いません。Amazon で人気を博したことによって、他のショッピングモールやサイトでも売れるようになった商品も珍しくありません。

　またAmazon のFBAには、Amazon **FBAマルチチャネルサービス**という、Amazon 外部のWebサイトや実店舗で販売された商品を、送付先に配送をしてくれるサービスもあります。そういった場合、私たち出店者はAmazon FBAを倉庫や配送サービスとして活用できます。自社の**ECサイト**をAmazon に連携させることでECサイトで売れたら自動的に商品を送るようなこともできます。

Amazon ブランドを最大限利用する方法

　Amazon マーケットプレイスに出店することで、商品をたくさんの人に見てもらえるチャンスが生まれます。これだけでもAmazon のブランドが持つ信頼性や安全性と言った力によって売上を上げやすくなります。

　こう言った**Amazon ブランド**を上手に活用するためには、柔軟に考えることと合わせて、きっちり基本的なことをやり切って行くことが大切です。

　商品の説明をわかりやすくつくったり、質問にすぐに答えたり、Amazon マーケットプレイスのルールをしっかり守って、お客さんに喜んでもらえるようなサービスを心がけることです。

　Amazon のブランド力があるのですから、基本的なところをしっかりやって行けば商品は売れて行きます。そうすることで、お客さんからの評価が良くなって、更にもっとた

くさんの人に商品を見てもらえるようになります。

　Amazonマーケットプレイスはいろいろな機能があるので一見複雑に見えますが、分解して行けばやることの一つ一つは難しいことではありません。基本的なことをしっかり進めながら、上手にAmazonのブランド力を借りて、お店や商品の人気を高めて行きましょう。

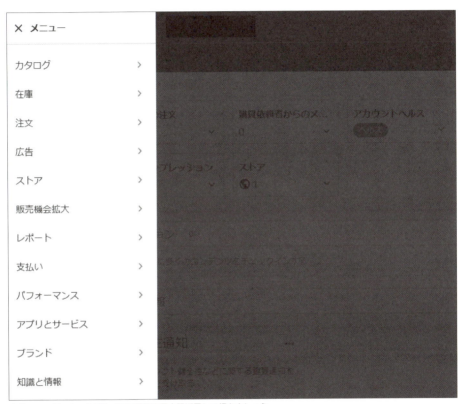

▲Amazonマーケットプレイスの機能を最大限活用して行きましょう

2 Amazonマーケットプレイスはなぜ人気が高いのか？

SECTION 2-9
Amazonマーケットプレイスを使って海外にも販売

日本のAmazonマーケットプレイスの販売に慣れてきたり、売上が伸びてきたら、海外のAmazonマーケットプレイスに出店して行くことも可能です。「輸出」をすでにされている方にとっては、すでに取り組まれていることでしょう。

Amazonで世界を相手に商売をする

　Amazonマーケットプレイスはアメリカをはじめ、世界各国に広がっています。システム面やルール面で各国ごとに細かい違いはあるのですが、基本や原則は同じです。ほぼ同じような形で出店し、商品を販売して行くことができます。

　現地での配送や対応に関しても、FBAを利用すれば、その国のAmazonが在庫管理、注文受付から配送までの業務を代行してくれます。Amazonマーケットプレイスを活用することで、思うよりずっと簡単に海外販売を始めることができます。

　はじめの販売先の国としてオススメはアメリカです。

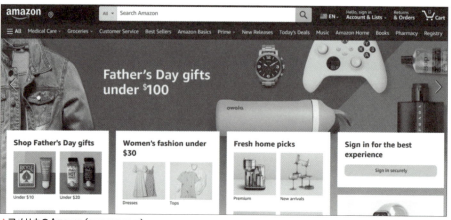

▲アメリカのAmazon（amazon.com）

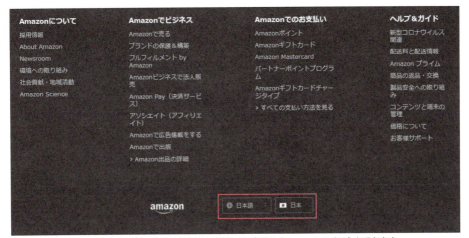

▲日本のAmazonのトップページの下から国や言語を選択して、各国のAmazonにいくこともできます

アメリカのEC市場規模について

　日本の経済産業省によると、2022年のアメリカのEC市場規模は1兆328億USドル、小売市場に占めるEC市場の割合は14.5%と推計されています。1ドル155円で計算するとその市場規模は約160兆円となり、金額だけでみると日本の規模の約7〜8倍となります。

※経済産業省『令和4年度電子商取引に関する市場調査』より

そのアメリカのECの市場のうち、2023年のある統計（出典：eMarketer; Business Insider; LinkedIn Corporation）によると、Amazonの市場規模は約37.6%を占めてトップの位置にいるとされ、2位が世界最大級の大手スーパーマーケットチェーンであるウォルマート（Walmart Inc）の約6.4%とされています。小売全体の売上では、Amazonはウォルマートの次の位置にいるとされていますが、上記のようにECやオンラインの市場に限ると、Amazonは**ウォルマート**を大きく引き離しています。

アメリカでECを始めるのであれば、Amazonマーケットプレイスでの販売は最良の選択肢でしょう。

本書ではアメリカやその他、海外のAmazonマーケットプレイスでの販売についての詳細は省略しますが、海外に商品を売ることで、もっとたくさんのお客さんに商品を知ってもらえるチャンスが広がります。日本で人気の商品が、海外でも喜ばれることは決して珍しいことではありません。海外のAmazonで売上を伸ばしている出店者たちも多くいます。

もちろん、各国の法律や規制をはじめ、商品の説明を各国の言語に直す、海外に商品を送るための手続き、国際配送など、海外販売のハードルは確かにあります。ただ、Amazonマーケットプレイスを活用すればそのハードルはグッと下がります。

新しいことに挑戦するのは、はじめは不安かもしれませんが、ワクワクすることでもあります。また海外には大きな市場が広がっています。日本のAmazonマーケットプレイスの販売に慣れてきたり、売上が伸びてきたら、ぜひチャレンジを考えてみてください。

CHAPTER 3

Amazonマーケットプレイスを始める準備を進めよう

SECTION
3-1
Amazonマーケットプレイスは個人でも始められるの？

Amazonマーケットプレイスは、大きな会社だけではなく、個人でもパソコンとインターネットさえあれば、だれでも簡単にお店を開くことができます。個人でも法人でも、Amazonマーケットプレイスで商品を販売するためには、まずAmazonマーケットプレイスで出品アカウントを作成します。

Amazonの出品アカウントは2種類

Amazonの出品アカウントは、個人向けと法人向けの2種類があります。個人のものは、副業や個人で出店する人たち向けのもので、法人のものは、会社名義で活動している一人社長や、会社の業務として出店する担当の人たち、会社を経営している人たち向けのアカウントになります。

個人向けのアカウントと、**法人向けのアカウント**とでは、登録時に提出する書類などが異なってきますが、アカウントの内容自体に大きな違いはないので個人で始める場合は個人向けのアカウントでまったく問題ありません。

もちろん法人の方がお客様に対しても、Amazonに対しても信頼性は上がります。ただ、Amazonマーケットプレイス出店では、お店の名前に屋号が使えるので、お客様から見てそこまでマイナスポイントには見えません。

法人を設立する場合は、法人登記の費用や、毎年の確定申告などの作業や費用が発生します。まずは始めてみたい。せどりをはじめてやる場合や、規模が小さいうちは個人で始める形でまったく問題ありません。※個人の場合でも一定以上の収入が発生する際は**確定申告**が必要になりますのでご注意ください。

一方で、売上を大きく上げて行ったり、世の中に広く自分たちの商品を広げて行きたいと言ったことを考えているのであれば法人を設立して法人アカウントで登録することも選択肢の一つですし、元々会社の業務でAmazonマーケットプレイスを始める方は法人アカウントで登録して行きましょう。

具体的なアカウント作成の進め方については後述します。ご自身のやりたいビジネスの規模や目標、リソースの有無などを考慮して、選んでみてください。

SECTION
3-2　　どんな出店プランがあるの？

Amazonの出店プランには次の2つの形態があります。
1　大口出品　　2　小口出品
その名前の通り、大口出品は「出品する数が多い方向け」、小口出品は「出品する数が少ない方向け」の出品プランになります。

2つの出品プランの主な違い

	小口出品	大口出品
月間登録料（4900円）	なし	あり
100円の基本成約料	あり	なし
商品の新規登録	なし	あり
フィード、スプレッドシート、レポートを使った在庫管理	なし	あり
注文レポートと注文関連フィードを使った注文管理	なし	あり
Amazonによる配送料の設定	あり	なし
出品者による配送料の設定（一部商品除く）	なし	あり
販売を一定期間休止	あり	あり
プロモーション、ギフトサービスなどの追加機能の利用	なし	あり

　大口出品のプランは、商品の出品や販売の有無にかかわらず、**月額登録料**（2024年6月現在4900円（税別））がかかります。また、商品が販売されたときは「販売手数料（カテゴリーごとによって割合が違います）」、商材によっては「カテゴリー別成約料」が発生します。

　一方で**小口出品**のプランは月額の登録料は発生しません。その代わりに商品が1つ販売されるごとに「**基本成約料**（2024年6月現在100円（税別）」がかかります。ですので月に商品を50個以上販売する見込みのある方は大口出品の方が良いでしょう。

　その他に、大口出品ではAmazonに登録されていない商品を新規出品、詳細なビジネスレポートの取得や、在庫ファイルを使用した一括での商品登録ができるなどの機能があります。Amazonでまだ販売されていない自分たちの商品を新規出品する場合や大きく売上を伸ばして行くことを想定している場合は大口出品を選択しましょう。

3
Amazonマーケットプレイスを始める準備を進めよう

まずはお試しで出品してみたいといったような方や、副業でそれほど数量を販売することを想定されていない方は、小口出品がオススメです。小口出品であれば、月額の固定費用がかかりません。

小口出品で制限されるカテゴリー

ただ、小口出品では以下の**カテゴリー**の出品が制限（2024年6月現在）されているので、下記のカテゴリーの商品を取り扱う場合は、注意が必要です。

- 時計
- ヘルス＆ビューティー
- アパレル・シューズ・バッグ
- コスメ
- ジュエリー
- 食品＆飲料
- ペット用品

これらのカテゴリーに出品予定の方は大口出品のプランで出店する必要があります。

▲自身に合った出品プランを選択して行きましょう

SECTION 3-3
Amazonマーケットプレイスの参入に関して審査とかあるの？

Amazonマーケットプレイスで商品を販売するために一部のカテゴリーを除いて原則資格のようなものは必要ありません。個人でも法人でもとてもかんたんに参入することができます。

審査に必要な提出書類の存在

　最低限の**審査**はあります。個人アカウントの場合だと**本人確認書類**の提出、法人アカウントの場合は担当者の本人確認に加えて、法人の書類の提出が必要です。また販売開始前や開始後を問わず、追加の審査や条件などが課される場合もあります。

　Amazonマーケットプレイスへの参入のハードルは非常に低いですが、お客様が安心して買い物できる環境を作るために上記の審査が実施されています。こう言ったプロセスがなければ質の低い出品者が増加して、Amazonの市場自体へのお客さんからの信頼が低下しますので、必要な手続きだと理解して進めて行きましょう。

　手続きに必要な書類は以下の通りとなっています（2024年6月時点）。変更や追加になる場合もあるので、Amazonの指示にしたがって、手続きを進めて行きましょう。

個人アカウントの場合

- 本人の情報
- 顔写真入りの身分証明書（パスポートまたは運転免許証）
- クレジットカード情報
- 各種明細書

法人アカウントの場合

- 法人の情報
- 会社名などの会社情報
- 法人番号
- 登記簿上法人名
- 本社所在地

3
Amazonマーケットプレイスを始める準備を進めよう

●上記のほかに担当者の情報
- アカウント担当者情報
- 顔写真入りの身分証明書（パスポートまたは運転免許証）
- クレジットカード情報
- 各種明細書

▲出品アカウント登録の最初のページ

　Amazonの**出品用アカウント**の作成は下記のURLアドレス（2024年6月時点）もしくは、GoogleやYahoo!などで「Amazon出品　登録」などと検索すれば、Amazonの出品用アカウント作成のページに行けます。

●Amazon出品用アカウント登録手順 のページ
https://sell.amazon.co.jp/sell/account-registration

◀ボタンを押すと上記のような登録開始の画面が出てくるので、後はAmazonの案内にしたがって、必要な情報を正確に入力して登録を進めて行きましょう

SECTION 3-4　Amazonセラーセントラルにログインしてみよう

Amazonマーケットプレイスへの出品は「Amazonセラーセントラル」と呼ばれる管理画面からおこないます。アカウントを作成したら、セラーセントラルにログインしてみましょう。

AmazonからのメールのURLからログイン

　セラーセントラルへのログインは、アカウント作成時にAmazonから送られてくるメールのリンクからログインすることができます。

　セラーセントラルでは出品作業をおこなえる他、ここにある情報をチェックすれば、すぐにお店や販売の状況がわかるようになっています。セラーセントラルを使いこなすことが売上を伸ばして行くことにもつながるので、焦らないで大丈夫ですのでゆっくり覚えて行きましょう。

　セラーセントラルを開くと、トップページの画面が表示されます。ここでは、各情報の概要や、メッセージが届いているかどうかなどが表示されます。

▲画面の左上の三本線のアイコンの箇所からメニューを表示させることができます。メニューではそれぞれの項目から出品作業や各情報をチェックしたり、データを取得したりできます

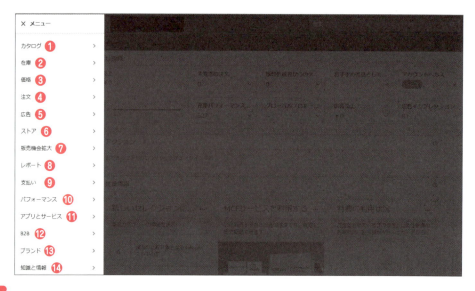

　ここでは概要をざっとお伝えしておきましょう。※つくったばかりのアカウントの場合、下記の全部ではなく、一部表示されることが多いと思います。全部表示されない場合でもバグなどではないのでご安心ください。

❶ **カタログ**：商品登録や登録した商品の情報を修正する箇所です。
❷ **在庫**：出品した商品の在庫を管理したり、FBAへの納品作業をおこなう箇所です。一番よく使う画面になります。
❸ **価格**：価格を管理する箇所です。
❹ **注文**：注文情報を見ることができる箇所です。
❺ **広告**：広告の出稿、管理ができる箇所です。
❻ **ストア**：Amazonブランド登録をした場合、ストアを作成、管理できる箇所です。
❼ **販売機会拡大**：売上を伸ばせそうな商品を見ることができる箇所です。
❽ **レポート**：各レポートが取得できる箇所です。
❾ **支払い**：お金の支払い、受け取り関連の情報を見ることができる箇所です。
❿ **パフォーマンス**：アカウントの健全性などを見ることができる箇所です。
⓫ **アプリとサービス**：アプリやサービスを設定する際に使う箇所です。
⓬ **B2B**：法人向け販売を開始した際に使用する箇所です。
⓭ **ブランド**：Amazonブランド登録をした場合、分析に使用できる箇所です。
⓮ **知識と情報**：Amazon出品大学、フォーラム、新着情報等を見ることができる箇所です。

メニューを開くと、左記の項目の全部、もしくは一部が出てきますが、「在庫」のように日常的に使用する項目もあれば、ほとんど開くことのない項目もあります。また、Amazonは定期的に機能の**アップデート**や改善を行うため、新しい機能が追加されていくことも珍しくありません。

　詳しくはそれぞれ後ほどお伝えしていきますが、全てを完璧に理解する必要はありません。ポイントをおさえて、これらの機能を上手に活用して行くことで効率的に売上や利益を伸ばして行くことができます。

　ここではメニューを開くことでこれらの項目を見たり管理できたりすることの概要、全体像を理解しておきましょう。

COLUMN

Amazonセラーセントラルはとても使いやすい

　Amazonセラーセントラルの管理画面は、直感的で効率的な設計が特徴になっています。商品登録から在庫管理、注文処理まで、必要な機能が整理されて配置されているので、初心者でも迷いにくく操作することができます。

　ダッシュボードでは、売上や注文状況が一目で把握でき、重要な情報にすぐにアクセスすることができます。また、レポート機能も充実しており、データをとることで、販売傾向の分析が可能です。

　多くの出品者が利用することで、使いやすく便利に常に改善もおこなわれています。使いやすさを追求したAmazonセラーセントラルは、Amazonマーケットプレイスの販売を成功に導く強力なツールと言えるでしょう。

SECTION 3-5

Amazon出品に向いている商品
出品が禁止されている商品

Amazonマーケットプレイスへの出品が向いている商品は、まず「良く売れている商品」です。販売数が多いと言うことはすでに一定以上の市場・お客様がいる、と言うことです。

「せどり」「オリジナル商品」の基本的な考え方

せどりの場合はそう言った商品で仕入れ金額が抑えられるもの、競争相手が少ない商品を出品します。**オリジナル商品**の場合は、そういった売れている商品の類似商品でありながら、かつ差別化された商品、何か売りとなる機能やブランド力のある商品が販売に成功しやすいでしょう。

ただ、人気のカテゴリーには他の出品者が多いので競争に陥りやすくもあります。せどりの場合は競争相手が増えてきたり、仕入金額が上がってきたときは早めに見切りをつけること、オリジナル商品の場合は競合商品としっかり差別化して**セールスポイント**を明確にすることが大切になってきます。

初心者には「軽くて壊れにくい商品」も良い選択肢です。Amazonで物を売るときは、商品を倉庫に送ったり、お客さんに届けたりする必要があります。重くて壊れやすい物だと送るのが大変ですし、壊れて返品される可能性も高まります。

「季節に合った商品」も時期は限られてきますが、売れやすい商品カテゴリーです。特にハロウィンやクリスマス関連の商品は、年末はAmazonのビッグセールの時期とも重なりやすいので販売しやすいでしょう。

なお、これは前提になる点ですが「自分が良いと思える商品」を選ぶことが大切です。自分が良くないと思うものを販売することは論外ですが、良くないとは思えないまでも、自分が良いとも思えない商品を扱うことはオススメできません。自分が良いと思う商品をお客様に届けて喜んでもらうことを考えましょう。

Amazonマーケットプレイスで出品が禁止されている商品

　次のようなAmazonマーケットプレイスへ出品自体が禁止されている商品については出品自体できないので、注意が必要です。

●違法な商品

　Amazonマーケットプレイスの販売以前に、違法な薬物や盗品、**偽ブランド品**などは法律で販売が禁止されています。こう言った物を売ると、大きな罰則を受けることになります。

●危険な商品

　爆発物や毒物、武器などは、人に危害を与える可能性があるので、Amazonでの販売は認められていません。

●生き物や保護されている生き物を原料にした商品

　動物、植物や生き物、また保護されている生き物を原料にした商品は、Amazonでの販売が禁止されています。

●販売許可のない商品

　酒類、一部のサプリメントや**医療機器**など法的な販売許可を受ける必要がある商品については、専門家でないと販売できません。

●知的財産権を侵害する商品

　商標や特許、著作権と言った、第三者の知的財産権を侵害する商品を販売してはいけません。

　Amazonには上記のような出品自体が禁止されている「**出品禁止商品**」と、審査が通れば販売可能な「**出品制限商品**」があります。

　また、在庫を持っていない無在庫出品も規約では禁止されています。ルール違反は重大なペナルティにつながることもあるので十分に注意して行きましょう。

SECTION 3-6 Amazonマーケットプレイスの手数料はどうなっているの？

Amazonマーケットプレイスで商品を販売する際、前述の月額固定費用の他、Amazonに手数料を払う必要があります。

手数料の内訳について

手数料は細かく設定されているのですが、大きく分けると次のようになります。

> 月額の固定費用＋販売時にかかる手数料＋FBAを使う場合はFBA手数料

詳しくは、セラーセントラルの中にある、「**Amazon出品サービスの手数料**」で参照することができます。

▲［セラーセントラル　ヘルプ→規約、ガイドライン→プログラムポリシー→Amazon出品サービスの手数料］から見ることができます

特に販売手数料は商品のカテゴリーや種類によって異なるのでご自身の扱うカテゴリーの箇所をチェックしておきましょう。

主なカテゴリーの手数料

カテゴリー	販売手数料	最低販売手数料
メディア（本、DVDなど） TVゲーム＆ゲーム用アクセサリ	15%	なし
大型家電 小型家電 エレクトロニクス パソコン・周辺機器 TVゲーム機本体	商品1点あたりの売上の合計が750円以下の場合は商品代金の5% 商品1点あたりの売上の合計が750円を超える場合は商品代金の8%	30円
ホーム＆キッチン家電 健康家電・理美容家電 家電アクセサリ 楽器およびAV制作機器 スポーツ＆アウトドア カー＆バイク用品 おもちゃ＆ホビー	商品1点あたりの売上の合計が750円以下の場合は商品代金の5% 商品1点あたりの売上の合計が750円を超える場合は商品代金の10%	30円
食品＆飲料 ドラッグストア ビューティー	商品1点あたりの売上の合計が750円以下の場合は商品代金の5% 商品1点あたりの売上の合計が750円を超え、1,500円以下の場合は商品代金の8% 商品1点あたりの売上の合計が1,500円を超える場合は商品代金の10%	30円
ペット用品	商品1点あたりの売上の合計が750円以下の場合は商品代金の5% 商品1点あたりの売上の合計が750円を超え、1,500円以下の場合は商品代金の8% 商品1点あたりの売上の合計が1,500円を超える場合は商品代金の15%	30円
ホーム＆キッチン 文房具 家具 DIY・工具	商品1点あたりの売上の合計が750円以下の場合は商品代金の5% 商品1点あたりの売上の合計が750円を超える場合は商品代金の15%	30円
腕時計	商品1点あたりの売上の合計が750円以下の場合は商品代金の5% 商品1点あたりの売上の合計が750円を超える場合は商品代金の15%	30円

3 Amazonマーケットプレイスを始める準備を進めよう

ジュエリー	商品1点あたりの売上の合計が750円以下の場合は商品代金の5% 商品1点あたりの売上の合計が750円を超え、10,000円以下の場合は商品代金の10% 商品1点あたりの売上の合計が10,000円を超える場合、10,000円までの部分については商品代金の10%、10,000円を超える部分については商品代金の6%	30円
ベビー&マタニティ	商品1点あたりの売上の合計が750円以下の場合は商品代金の5% 商品1点あたりの売上の合計が750円を超え、1,500円以下の場合は商品代金の8% 商品1点あたりの売上の合計が1,500円を超える場合は商品代金の15%	30円
服&ファッション小物	商品1点あたりの売上の合計が750円以下の場合は商品代金の5% 商品1点あたりの売上の合計が750円を超え、2,500円以下の場合は商品代金の8% 商品1点あたりの売上の合計が2,500円を超え、3,000円以下の場合は商品代金の12% 商品1点あたりの売上の合計が3,000円を超える場合、3,000円までの部分については商品代金の12%、3,000円を超える部分については商品代金の8%	30円
アイウェア	商品1点あたりの売上の合計が750円以下の場合は商品代金の5% 商品1点あたりの売上の合計が750円を超え、3,000円以下の場合は商品代金の12% 商品1点あたりの売上の合計が3,000円を超える場合、3,000円までの部分については商品代金の12%、3,000円を超える部分については商品代金の8%	30円
シューズ バックパック、ハンドバッグ、旅行かばん&トラベル用品	商品1点あたりの売上の合計が750円以下の場合は商品代金の5% 商品1点あたりの売上の合計が750円を超え、7,500円以下の場合は商品代金の12% 商品1点あたりの売上の合計が7,500円を超える場合、7,500円までの部分については商品代金の12%、7,500円を超える部分については商品代金の6%	30円

(2024年6月現在)

FBAを利用する際の手数料について

　FBA（フルフィルメント by Amazon）を利用する場合は、商品の保管や配送に関連する手数料がかかります。

　FBAの手数料は商品の大きさや重さによって変動します。FBAの手数料は、セラーセントラルの中にある、FBA料金シミュレーターで概算を計算できます。

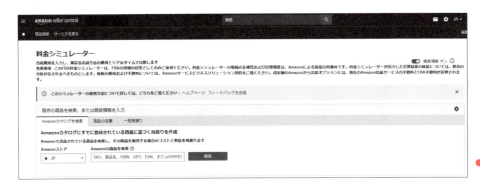

●FBA料金シミュレーター
https://sellercentral.amazon.co.jp/hz/fba/profitabilitycalculator/index

　Amazonは**販売価格**からこれらの手数料を差し引いた金額を、出店者に入金しますので、商品の価格を決めるときは、これらの手数料も考慮に入れて設定して行きましょう。

▲必要な数値を入力することで簡単に概算を計算できます

SECTION 3-7 テスト出品／販売を してみよう

出品アカウントを作成して、出品のための概要を理解したら、いよいよ出品や販売を始めていきましょう。

テスト出品から始めるのがおススメ

　すでに販売される商品が決まっているのであれば、そちらの販売を開始して問題ありませんが、もし販売する商品がまだ決まっていない場合は**テスト出品/販売**をしてみることがオススメです。

　テスト出品/販売にオススメの商品は「書籍」になります。個人の方であれば家に読んでいない本があると思います。法人の方でも会社に本があるケースも多いと思います。テスト出品/販売に書籍をオススメする理由は、使っていない在庫があるケースが多い他、特に人気の本であれば、とても売れやすいという理由からです。

　テスト出品/販売することで、商品の出品から販売、FBAを活用する場合は、FBAへの納品まで、Amazonマーケットプレイスの販売の一連の流れを体験することができます。

　もし、もう読まない本など手元にあれば、テスト出品/販売してみることがオススメです。詳しい出品の手順については次章で説明しますので、そちらをご覧になって進めてみてください。

　また、テスト出品/販売でAmazonマーケットプレイスの販売に慣れていくと同時に、まだ売る商品を決めていない方は、売れ筋商品やカテゴリーをリサーチして行きましょう。ニーズがあり、かつ競合が少ない商品やカテゴリーが、利益を上げやすいところです。前述のアマゾンの売れ筋ランキングや、商品のレビューなどを見て、販売したい商品をチェックして行きましょう。

SECTION 3-8 商品の仕入先には どんなところがあるの？

Amazonマーケットプレイスで販売する商品の仕入先はさまざまです。主に以下の方法があります。

実際の店舗から仕入れる

一般小売価格より安く販売している**大手家電量販店**、**スーパーマーケット**や中古商品を販売している店舗などから商品を仕入れて販売する方法です。これが一般に「せどり」とよばれる方法で、もっとも手軽にできる方法だといえます。ただ手軽に始められる分競争が激しかったり、またAmazon上を含めて、メーカーによってはこう言った販売方法を禁止しているメーカーもあるので、仕入れるときは注意しましょう。

ネットショップから仕入れる

これも上記の方法に近い方法で仕入先がネット上になることから「電脳せどり」とも呼ばれます。これも手軽に始められる方法の一つです。

卸売業者や問屋から仕入れる

小売店向けに販売している卸売業者や問屋から仕入れる方法です。

卸売業者や問屋はメーカーから商品を多く仕入れていることが多く、いろいろな商品を扱っているので、Amazonで販売する商品も見つけやすいです。また最近ではインターネット上の**卸売りサイト**もあり、商品を1個から仕入れさせてくれる業者やメーカーも多くなっているので、そういったサイトを利用するのもオススメです。例えば次のようなサイトもあります。

●NETSEA（ネッシー）
https://www.netsea.jp/

輸入して仕入れる

海外から商品を仕入れて販売する方法です。一般的に中国の**タオバオ**や**アリエクスプレス**といったサイトから仕入れて販売する方法を「中国輸入せどり」、欧米のAmazonや

3

Amazonマーケットプレイスを始める準備を進めよう

71

ネットショップから商品を仕入れて販売する方法を「**欧米輸入せどり**」と呼んだりもします。上記以外の国から仕入れてももちろん構いません。

小口の輸入については、次の機関などでも相談に乗ってももらえます。

●mipro（ミプロ）一般財団法人対日貿易投資交流促進協会
https://www.mipro.or.jp/

輸入と言うとハードルが高く感じるかもしれませんが、少量から仕入れられますし、差額のある商品も見つけやすいので、初心者にはオススメの方法の一つです。

メーカーから直接仕入れる

商品をつくっているメーカーに直接連絡して、商品を仕入れる方法です。大量に注文できるので、安く仕入れることも可能です。ただ信頼関係を築いていく必要があり、問い合わせた際にこれまでの実績を聞かれることがほとんどなので、法人の方を除き、個人でこれから始める場合は少しハードルが高いかもしれません。逆に言うと法人の方はアプローチしやすいので販売したい商品がある場合は積極的に問い合わせてみましょう。

商品を仕入れる方法を大きく分けると上記の通りになります。仕入先も仕入商品も無限にあると言えるので、商品を仕入れる場合、自分の状況や段階に合った方法を選んで行きましょう。

▲miproでは初心者から輸入の相談にのってもらえます

SECTION 3-9 商品を製作したいときは どうすればいいの？

すでに自社で商品をつくられている法人の方を除いては、自分で商品をつくって販売しようというと、ものすごくハードルが高いことに感じるかもしれません。実際、筆者も自身で商品をつくってAmazonで販売してみる前はそのように感じていました。

自主製作の商品を販売することについて

　Amazonマーケットプレイスを活用すれば自分で商品をつくって販売していくことは、感じているよりずっと簡単に実現できます。「せどり」に比べると確かにやることも増えますし、ある程度の資金も必要ですが、できないことではありません。

　自分でオリジナル商品をつくることができれば、他の商品に比べてセールスポイントを打ち出しやすく、特長を出しやすいです。また、自分でつくった商品が一つのブランドとしてAmazonで販売されてお客様に喜んでもらえると、それは格別の喜びもあります。

　商品はハンドメイドで制作することも可能ですし、オススメのやり方の一つに「OEM」と呼ばれる手法があります。OEMとは、「Original Equipment Manufacturing」の略で、自分のブランドで商品を売りたいけれど、工場など商品をつくる設備やリソースは持っていないから、他の会社に委託して商品をつくってもらう方法になります。

　例えば、あなたがオリジナルのTシャツをつくりたいと思ったとき、OEMを使えば、自分でTシャツを1枚1枚つくらなくても、専門の業者さんや工場にお願いして、たくさんつくってもらうことができます。

商品を製作する上での注意点

　ただ、やみくもに「Tシャツつくって！」と頼んでも、うまくいきません。商品を製作する場合は、次のようなステップを踏んで、内容を固めてから製造を依頼しましょう。

- つくりたい商品のイメージをはっきりさせる
- 商品をつくれる業者さんや工場を探す
- 業者さんや工場に値段や最低製造数などをたずねる

3 Amazonマーケットプレイスを始める準備を進めよう

- 頼みたい業者さんや工場を選ぶ
- 大量につくる前にサンプルや見本をつくってもらう
（納得できるものになるまで修正）
- サンプルや見本がOKになったら数をつくる
- 納品されたら販売開始

海外から製造の権利の**ライセンス**を受けて、商品を製作するという応用も可能です。

最初は大変そうに感じるかもしれませんが、業者さんや工場さんと相談しながら進めて行けば、自分だけのオリジナル商品がつくれます。

Amazonマーケットプレイスに限らず、世の中にはたくさんの商品がありますが、多くの商品がOEMを活用してつくられています。アイディアのある方やオリジナル商品をつくってみたい方はぜひチャレンジしてみましょう。

COLUMN

思っているより商品製作は簡単にできる

　文中にあるように、工場などがなくても、OEMを上手に活用すれば商品製作は思っているよりずっと簡単です。売れる商品を企画していく必要はありますが、同じカテゴリーの既存の売れている商品を研究し「こんな商品があったらいいな」と言った商品を自分たちの商品として製作して販売することには大きな喜びもあります。

　こう言った商品がつくりたい、と思ったら、Googleなどで、「つくりたい商品のカテゴリー名 + OEM」と言ったキーワードなどで検索すると多くのOEM先の会社を調べることができます。

　少ない数量のロットから製作してくれる会社もあるので、つくってみたい商品があったら積極的にOEMの候補先の会社とコンタクトをとって検討して行きましょう。

SECTION 3-10 お客様目線で買い物をしてみよう

Amazonでこれまで1回は買い物をされた方が多いと思いますが、中には一度も買い物をしたことがない、という方もいらっしゃると思います。そういった方は、Amazonマーケットプレイスで商品の販売を本格的に始める前に、一度Amazonで商品を買う体験をしてみましょう。

Amazonで商品を買う体験も大切

　Amazonマーケットプレイスに限らず、自分でお店を開く前や、開いた後も、商売をする上でお客さんの気持ちを理解しておくことはとても大切です。商品やモノが売れないとき、売り手と買い手の意識や施策のギャップがある、というパターンは非常に多いです。

　Amazonで買い物をしたことのない方は、一度Amazonで商品を買ってみましょう。

◀スマートフォンからみたAmazonのトップページ（Amazon.co.jp）

3 Amazonマーケットプレイスを始める準備を進めよう

そして商品の注文は**スマートフォン**からしてみましょう。出品の際はPCで作業することが多いですが、お客様のほとんどはスマートフォンから注文されます。

日本のニールセン社の2019年の調査によると、Amazonの利用者数の73%以上がスマートフォンを使用しているとされています。調査から数年以上たっているので、更にスマートフォンの利用率が上がっていることが予測できます。

Amazonで実際に買い物をしてみると、どんな商品の画像があるとわかりやすいか、お客様の立場だとどういった情報が欲しいのか、と言ったようなことが体験できます。自分がお客様だったらどうかな？と考えながら、色々な商品を見て、購入してみてください。

購入してみたら、今度は自分がお店を開いて、どんな形で商品を出品して行くのか、イメージを膨らませてみましょう。きっとお客様の気持ちが理解でき、素敵なお店や販売ページをつくって行けるはずです。

◀お客様目線で購入してみると色々な気づきが得られます

CHAPTER 4

Amazonマーケットプレイスを始めよう

SECTION
4-1 出品から販売までの 基本的な流れ

Amazonマーケットプレイスの出品アカウントをつくり、販売する商品を決めたら、商品を出品して行きましょう。

出品から販売までの基本的な流れ

❶ 商品の出品

　Amazonマーケットプレイスですでに販売されている商品の場合は、その**カタログ**に商品を出品します。まだ販売されていない商品の場合は、新に商品のカタログを作成、登録して、同時に商品を出品します。

❷ 在庫の登録またはFBA納品

　商品を自身で発送する場合は在庫数を入力します。FBAを利用する場合はFBAの倉庫（フルフィルメントセンター）に商品を納品します。

❸ 売れたら商品を発送

　商品が売れたら、自身で発送する場合は商品を梱包して発送します。FBAを利用している場合は、Amazonが**自動的に発送**してくれます。

❹ 必要な場合はお客様とコミュニケーションをとる

　特にお客様から何も言われない、返品や返金の**リクエスト**などない場合は、Amazonが自動的に定型のメッセージを送ってくれます。何もない場合は、特に何かをする必要はありません。

❺ データやレビューなどの確認と在庫の調整

　商品が販売されたら、お客様に無事届いたか含めて、定期的に売上や注文データ、商品やお店についた**レビュー**などを確認して行きましょう。それらのデータやレビューを分析して、継続的に改善をおこなって行きます。

また在庫について、売り切るつもりの場合を除いて、在庫切れにならないように、適正な量を維持するようにしましょう。

　以上がAmazonマーケットプレイスの出品から販売までの基本的な流れです。

　この章では商品の出品から販売までの手順とやり方をお伝えします。順を追って進めて行けばそれほど難しいことではないので、安心して進めてみてください。

▲出品から販売まで全てセラーセントラルの画面から操作できます

COLUMN

少しずつ取り組んで慣れていきましょう

　「習うより慣れよ」といった言葉があるように、実際にやってみると上達が早いことが多いことは、ほとんどの人たちが理解していると思いますが、それでも実際に新しいことを始めることは億劫になりがちです。その際ボトルネックとなっているのは「不安」であることが多くあります。

　新しいことを始めるときに、不安になるのはごくごく自然のことです。ここで大切な点は少しでも良いのでまずは取り組み始めてみようということです。この本を手に取って頂いたことも、実は取り組みのはじめの一歩になります。次に必要なことは二歩目を踏み出すことです。この本を参考に少しずつで良いので実際の作業を始めて、二歩目を踏み出して行きましょう。

　実際やってみると思ったより簡単だった、ということもよくあります。少しずつでも良いので、一歩ずつ進めばだんだんと慣れていきます。慣れてきたらいつの間にか楽しみながら取り組めるようになります。まずは少しずつで良いので実際に手を動かして始めていきましょう。あなたならきっとできるはずです。

SECTION
4-2
既存商品の出品と新規商品の出品の違いについて

Amazonマーケットプレイスにおける出品には、既存の商品カタログに出品する場合と、新しく商品カタログを作成して出品する場合の大きく2つのケースがあります。

既存の商品カタログに出品する場合と、新規に出品する場合の主な違い

	既存商品カタログへの出品	新規カタログの作成、出品
主なビジネス	せどり、仕入れ販売	オリジナル商品販売
商品登録情報	すでにAmazon上に商品の登録情報を記載した販売ページ（カタログ）が存在するため、出品者は既存の販売ページ（カタログ）を選択し、価格や在庫数などの情報を入力するだけで商品を出品できます。	新しい商品なのでAmazon上にページがない状態です。出品者が必要な商品情報を入力、登録して販売ページを作成する必要があります。
商品情報の管理	商品情報の大部分は販売ページ（カタログ）に準拠するので、出品者が管理する必要がある情報は限られています。	出品者が商品情報の全てを管理する必要があります。
他の出品者との関係	既存商品の出品の場合：同じ商品を販売している他の出品者がいるので、ほぼ確実に競合状態、価格競争が発生します。	原則、出品者が唯一の販売者となるため、価格設定の自由度が高くなります。ただし、Amazonブランド登録をしていない場合、他の出品者が新しく作成した販売ページ（カタログ）に出品して競合状態、価格競争が発生する場合があります。Amazonブランド登録をしている場合は他の出品者は新しく作成した販売ページ（カタログ）に出品することはできません。

4

Amazonマーケットプレイスを始めよう

販売実績の蓄積や商品の認知度	すでに販売ページ（カタログ）に販売実績やレビューが蓄積されているため、信頼性や商品の認知度が高い状態で販売を開始できます。せどりなどの手法が期間が短くすぐに結果が出やすいのはこのためです。ただ競合が多いというデメリットがあります。	販売実績やレビューがゼロの状態からスタートするため、初期の販売が難しい場合があります。販促や広告、SEO対策、販売ページのつくりこみなどが必要になってきます。そういったハードルはありますが、競合がない状態で販売できるため、販売個数が伸びる場合大きく売上や利益を上げることができます。

　既存商品への出品と新規商品の出品には主に上記のような違いがあり、それぞれメリットとデメリットがあります。ご自身にあてはまる部分を参照して概要を理解しておきましょう。

◀既存商品への出品は他の出品者がいることが通常です

SECTION 4-3 出品のための情報やデータを準備しよう

出品の作業に入る前に、出品のための情報やデータを準備しておきましょう。既存のカタログにある販売ページに出品する場合と、新しいカタログ、販売ページを作成して出品する場合では、準備するものが変わってきます。

既存のカタログに出品する場合

- **販売価格**
- **発送形態**（自己発送 /FBA 発送）

　既存の商品カタログに出品する場合は上記の情報だけでOKです。

新しいカタログ、販売ページを作成して出品する場合

- 商品タイトル、商品説明　概要、箇条書き
- メイン画像、サブ画像、（ある場合）動画
- **リーフノード設定情報**（設定カテゴリー）
- **検索キーワード設定情報**
- 商品の大きさ、重さ
- （カテゴリーごとに必要な）商品情報
- **GS1 事業者コード**（JAN コード）※ない場合は免除申請の許可
- 販売価格
- **発送形態**（自己発送 /FBA 発送）

　新しいカタログ、**販売ページ**を作成する場合は、基本、上記の情報が必要になります。後述するA+を作成する場合は更に情報や素材が必要になります。

　詳しい出品のやり方については、次より各々お伝えいたしますので、まずは情報を整理しておきましょう。

SECTION 4-4 既存商品の出品のやり方

せどりの場合など、販売したい商品がすでにAmazonマーケットプレイスで発売されている場合は、その販売ページに商品を出品者の一人として出品して行きます。

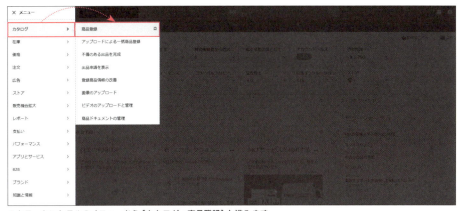

▲セラーセントラルのメニューから［カタログ→商品登録］と進みます

▲キーワードに商品名を入れるか、製品コードの欄にAmazonの商品コードであるASINコードやJANコードなどを入れて出品したい商品を検索します

4 Amazonマーケットプレイスを始めよう

▲ASINコードは各商品の販売ページの下の方に記載されていることが多いです

▲商品を検索できたら、[コンディションを選択]で「新品」「コレクター商品」「中古」を選択して、[この商品を出品する]ボタンを押します

※**コレクター商品**とは、商品が絶版や、有名人のサインなど、何かしらの付加価値が付いた商品になります。通常は「新品」もしくは「中古」を選択しましょう。

▲商品の価格、数量、コンディションなど、Amazonの指定する必要な情報を入力していきましょう

フルフィルメントチャネルの欄では、自身で配送する場合は「私はこの商品を自分で発送します」を、Amazon FBAを活用する場合は[Amazonが発送し、カスタマーサービスを提供します]を選択しましょう。

▲情報を入力し終わったら、[保存して終了]ボタンをクリックします。これで出品完了です

▲商品やブランドによっては、出品許可が必要な商品もあります。その場合は[出品許可を申請]ボタンから出品許可を申請しましょう

▲商品のカテゴリーによっては追加の情報提供や資料を求められることがあります

SECTION
4-5　新規商品の出品のやり方

オリジナル商品や仕入商品であっても、Amazonで販売されていない商品については、Amazonに商品を新規登録して出品して行きます。

JANコードについて

　新規商品の登録には、原則として「JANコード」と呼ばれる数字が必要です。

　JANコード（Japanese Article Number Code）は、商品の包装や値札に印刷されているバーコードの一種で、商品を識別したり管理するためのものです。実際の店舗や倉庫では、JANコードを**スキャナー**などで読み取ることで、商品の情報を素早く取得することができるので、販売、在庫管理やデータの集計を効率的におこなえます。

　最近はコンビニエンスストアの無人レジなどでJANコードをスキャナーに読み込ませて会計している方も少なくないのではないでしょうか。

　JANコードを取得するには、JANコード含めたGS1事業者コードを採番、管理している**GS1 Japan**（一般財団法人流通システム開発センター）という機関への登録申請が必要になります。

●GS1 Japan（一般財団法人流通システム開発センター）
https://www.gs1jp.org/

　GS1 Japanは、国際的な物流のためのコードを採番、管理しているGS1の日本での窓口となる組織になります。

　JANコードは、国際的にはEANコードと呼ばれ、アメリカ、カナダにおいて主流のUPCコードと互換性のある国際的に共通の商品コードになります。ですので、日本でJANコードを取得していれば、そのコードを使って各国のAmazon含めて海外に商品を販売して行くことができます。※Amazonの書籍の販売ページなどに散見されるISBNは本のための商品コードになります。

GS1 Japanに登録申請することでJANコードを取得できるので、登録していない方は上記リンク先のGS1 JapanのHPより申請して行きましょう。

JANコードとGS1事業者コードの違い
　JANコードと**GS1事業者コード**は混合されがちですが、主な違いは次の通りになります。

	GS1事業者コード	JANコード
識別する箇所	最初の7桁もしくは9桁	13桁すべて
コードの目的	販売国と事業者確認	商品確認

　また、オリジナル商品を販売する場合はJANコードを取得することをオススメしますが、もしJANコードを使って商品を出品する段階にはないな、と感じる場合は、Amazonに「製品コード免除申請」とおこない、商品を出品することもできます。

新規商品の出品は以下の手順

セントラルメニュー画面を表示
セラーセントラルのメニュー画面から、[カタログ] → [商品登録] と進みます。

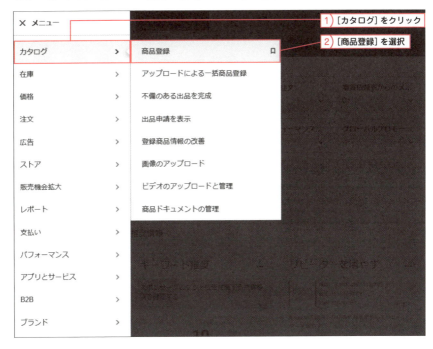

② [空白フォーム]を選択して[開始]する

「**商品の出品**」の画面に進むので[空白のフォーム]を選択し[開始]ボタンを押しましょう。

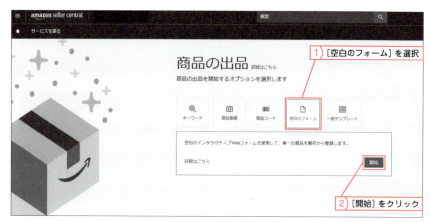

③ ブラウズノードを入力

進んだ先の画面で、商品名や推奨される**ブラウズノード**（出品カテゴリー）入力しましょう。その後、ブランド名を入力します。後述するAmazonブランド登録をしていない場合は、「この商品にはブランド名がありません」にチェックを入れましょう。次に外部製品IDの箇所にJANコードを入力して、「次へ」ボタンを押して、商品の登録を進めていきましょう。JANコードを取得していない場合は「製品コードがありません」にチェックを入れて「次へ」ボタンを押します。

除が必要な場合は、今すぐ申請ボタンが表示されるので、ボタンを押して、申請フォームに必要事項を記入しましょう。商品が免除の対象外である場合は、続行できない形になります。申請の結果については、48時間以内にEメールで届くので審査を待ちましょう。

④ 画像を登録する

次の画面に進んだら、必要な商品情報や画像を登録していきましょう。必要な情報は出品するカテゴリーによって異なります。上部にあるタブで入力箇所を切り替えることができます。

⑤ 出品が完了する

情報を入力したら送信ボタンを押して出品を申請します。問題なければ時間をおいてセラーセントラルやAmazon上で出品が反映されて行きます。

1) [送信] ボタンをクリック

SECTION 4-6 商品の詳細ページ（A＋）を作成しよう

Amazonの販売ページは、前項でお伝えした出品に必要な情報を登録すれば作成することができます。それに加えて追加のコンテンツを作成することで、詳細ページを足すことができます。

追加の詳細ページのことをA＋（エープラス）と呼ぶ

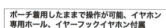

▲A＋の一例（スマートフォン）

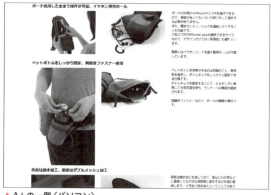

▲A＋の一例（パソコン）

　Amazonの商品によっては存在する、販売ページの下の方にある、画像と文章の詳細ページがA＋です。

　A＋には、商品の詳しい情報や画像などを追加することができます。A＋を活用することでお客様に商品の魅力を大きくアピールできるので成約率や売上の向上を見込むことができます。

① **A＋の作成方法**

セラーセントラルのメニューから、[在庫]→[**商品紹介コンテンツ管理**]と進みます。

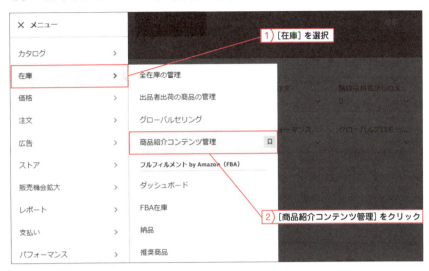

② **A+の作成を開始する**

進んだ画面の先で右上にある[商品紹介（Aプラス）コンテンツの作成を開始する]ボタンを押してA+の作成を開始できます。

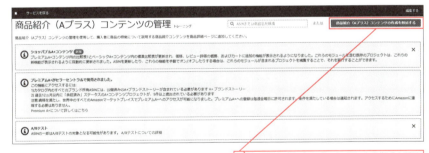

③ ［商品の強化］を選択

次の画面で「商品説明の強化　ベーシック」を選択します。後述するAmazonブランド登録をしている方は「ブランドストーリー」も作成できます。ここでは「**商品説明の強化**」について見て行きましょう。

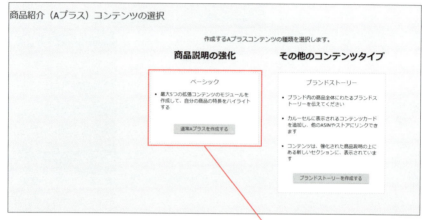

1）「商品説明の強化　ベーシック」を選択

④ A+を構成できるブロックの選択

次の画面で「**モジュールを追加**」というボタンを押すと、モジュールと呼ばれるA+を構成できるブロックの選択肢が出てきます。A+では、「モジュール」と呼ばれるテンプレートのブロックを組み合わせてページを作成して行きます。モジュールごとに画像や文章を入れて行けば良いので、ブログをつくるような感覚でページをつくって行けます。

私がオススメのA+構成

●商品の最大の利点、ベネフィットを伝えるパート

まず商品がお客さんにとって一番役に立つポイント、最大の利点、**ベネフィット**を伝えましょう。お客さんの関心を高めて商品について知ってもらうことが重要です。

●その根拠、エビデンスを伝えるパート

その利点が実現できる根拠や**エビデンス**を伝えましょう。根拠や理由があることでお客さんは安心して商品を購入することができます。

●商品のセールスポイント（3つ）を伝えるパート

商品の魅力を3つにまとめて伝えましょう。3つにまとまらない場合、例えば5つに増やしても良いですが、セールスポイントが多過ぎたり、文章が長過ぎたりすると、お客さんの方が読まなかったり、逆に迷ってしまったりします。ポイントは絞って短めの文章でコンパクトにまとめて行きましょう。

どのモジュールを使っても良いのですが、「標準的な単一の左の画像」のモジュールはスマートフォンで見ると上に画像、下に文章という形になるので、オススメのモジュールです。

A+を作成する際の気を付けるポイント

●見やすいレイアウトを心がける

A＋コンテンツのレイアウトは、見やすく、わかりやすいものにしましょう。適切な見出しや箇条書きを使い、情報を整理します。画像は、商品の魅力を引き立てるものを選びましょう。

●お客様の疑問や不安を解消する

お客様が商品について抱く疑問や不安を予測し、それらに答えるような情報を盛り込みましょう。特に使用方法や使用イメージなど、購入者が知りたい情報を提供することで、購入の障壁を取り除くことができます。

●競合商品との差別化できるポイントを推す

競合商品との**差別化ポイント**をA＋コンテンツで強調しましょう。商品の独自のセールスポイントをアピールすることで、購入者に商品の価値を理解してもらうことができます。

●一貫したブランドイメージを伝える

A＋コンテンツは、商品のブランドイメージを伝える重要な機会でもあります。言葉遣いや画像のトーンなどを統一して、一貫性のある世界観やイメージを伝えましょう。

●スマートフォンやモバイルで見やすい構成にする

これは特に気を付けていただきたい点なのですが、多くのお客様はスマートフォンでAmazonの画面を見ています。A＋をつくるときはPC/パソコン上でつくることが多いと思いますが、必ずプレビュー画面などから、スマートフォンでどう見えているのか確認して、スマートフォンで読みやすく魅力的な構成にしていきましょう。

画面の案内に沿ってA＋を完成したら、「申請する」ボタンをクリックしてAmazonにページの申請をします。**Amazonの承認**がおりれば、A＋が販売ページに反映されます。

A+を作成するときはいきなりつくり始めるのではなく、まずは競合商品のページなどもチェックして、構成を考えるところから始めてみましょう。Webサイトの制作経験のある方であれば、ワイヤーフレームと呼ばれる構成の設計図をつくることをオススメします。

魅力的で見やすいA＋コンテンツを作成することで、商品の価値を効果的に伝え、購入者の興味を引きつけ、成約率を上げて行くことができます。商品の特長や利点を明確に伝え、お客様の疑問や不安を解消するような内容を盛り込みましょう。A＋コンテンツを活用して、商品の魅力を最大限に引き出し、売上アップを目指しましょう。

A+にも、載せていい情報や載せてはいけない情報などのルールがあります。特にセラーセントラル内の下記の**ガイドライン**を参照しながらページをつくっていきましょう。

●商品紹介コンテンツガイドライン

https://sellercentral.amazon.co.jp/help/hub/reference/GGW8U76SSNTRTBX7

A＋では条件を満たせば、動画やQ&Aも入れられる、A+の上位プランである**プレミアムA＋**を利用することができます。海外では有料ですが、日本では現在無料（2024年6月時点）なので、慣れてきたらチェックしてみましょう。

SECTION
4-7

在庫の登録やFBA納品・商品の発送について

商品は自分で発送する場合は在庫量を登録、FBAを活用して商品を発送する場合はFBAのフルフィルメントセンターと呼ばれる倉庫に商品を納品します。

「在庫切れ」を起こすのは禁物

とてもシンプルで単純なことなのですが、売上を大きく左右する要素の一つに「在庫切れを起こさないこと」があります。どんなに商品企画やマーケティングに力を入れていても、商品が在庫切れになってしまえば、売上はゼロですし、お客様の満足度も上がりません。

そのためにやるべきことが「在庫管理」です。在庫管理はとても地味ですが、最もかんたんにできる売上を伸ばすことのできる重要なポイントになります。売れ筋商品の在庫切れの率を下げることが売上を伸ばすための第一歩といっても過言ではありません。

特に規模が大きくなってくると、在庫切れは起こりやすくなってきます。「在庫切れ」を防ぐためには、過去の販売実績をしっかり見ながら、適切な在庫量を予測して行くことが大事です。特にプライム感謝祭やブラックフライデーといったビッグセールは商品が大きく動くので十分な在庫量を確保しておきましょう。

また、Amazon FBAに納品する場合は、納品までの時間、リードタイムも把握しておくことが大事です。納品が間に合わず「在庫切れ」を起こしてしまった、という事態も起こりやすい事象の一つです。在庫切れを避けるために、売れ筋商品は定期的に在庫の動きを把握し、余裕をもってFBA倉庫に納品して行きましょう。

在庫の登録やFBA納品、商品の発送、在庫管理についての詳しい手順などは次章でお伝えして行きます。

4

Amazonマーケットプレイスを始めよう

SECTION 4-8 Amazon マーケットプレイス の規約は必ず守ろう

ここまで見てきたように、Amazon マーケットプレイスは私たち出店者にとって、とても便利なサービスですが、一方で守らなければいけないルールもあります。それがガイドラインやプログラムポリシーといった Amazon の規約になります。

Amazon のルールは厳守する

ルールを守らない出店者がいると、お客様が困ったり、被害に遭ったりすることがあります。

Amazon は、出店者たちにもルールをしっかりと守らせることで、Amazon マーケットプレイスを、お客様が安心・安全な買い物ができる場所にしようとしています。ですので、Amazon はルールを守らない販売者を厳しく取り締まっています。

Amazon の規約に違反すると、アカウントが警告を受けたり、停止されたりする可能性があります。アカウントの停止は、販売機会の損失だけでなく、信用の低下にもつながります。

そう言った状態になってしまうと、すぐに改善を図らないといけない事態になり、また規約違反の程度が重い、または悪質であると思われると、Amazon 側に判断されてしまうとアカウント自体が削除されてしまう場合もあります。そうなるとアカウントを再び活動状態にすることは非常に困難です。

規約を守ることは、アカウントの安全性を維持し、継続的に販売活動を行うために不可欠です。規約については常に留意しておくようにしましょう。

出店者用の**Amazon の規約**は、セラーセントラルのにログインしたら、下の方にある各リンク先の中の、「プログラムポリシー」の箇所から行くことができます。※ Amazon には購入者用の規約もあるので、混合しないように注意しましょう。

▲セラーセントラルの下のほうに「プログラムポリシー」へのリンクがあります

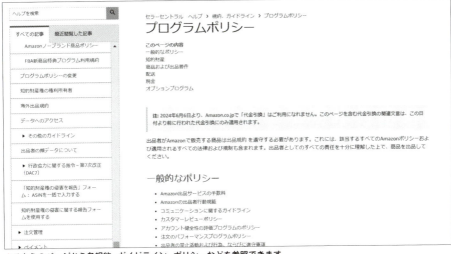

▲こちらのページから各規約、ガイドライン、ポリシーなどを参照できます

　規約違反があると、出品停止、アカウント停止や最も重いペナルティーだとアカウント削除といった措置も取られます。全ての規約を完璧に理解することは非常に難しいので、気になる点が出てきたら都度調べて行きましょう。

4 Amazonマーケットプレイスを始めよう

よくある規約違反のケース

●出品情報の記載漏れ

Amazonマーケットプレイスで出品する際に、カテゴリーによって必要な情報が違う場合があります。必要な商品情報が記入されていなかったりすると、**出品停止**になる場合があります。このケースは多くの場合は、登録できていない情報を登録すればすぐに元の状態に戻ることが多いです。

●不適正な価格設定

著しくこれまでとは開きのある価格設定をすると、不適正な価格設定と判断されて、出品停止になる場合があります。Amazonの設定するルールにのっとった**価格設定**をすればほとんどの場合、停止状態は解消されますが、悪質と判断されるようなケースの場合は、重いペナルティーになることもあります。

●複数の出品用アカウントの運用

出店者が**複数のアカウント**を作成して、運用することは禁止されています。Amazon側は定期的に**モニタリング**しているので、注意しましょう。※個人名義のアカウントと法人名義のアカウントをそれぞれ運用することは、それぞれ別の主体なので現時点では禁止されていません。（2024年6月時点）

●取引またはお客様を外部に誘導したり直接連絡を取ること

Amazonのユーザーを自身のHPや外部サイト、SNSといったAmazon以外の場所に誘導したり、Amazon外部から連絡を取ることは規約違反です。アカウント削除になるケースもあるので注意しましょう。

●知人や報酬を使って良い評価を付けるように依頼すること

お店や商品に対してよい評価を付けるように依頼するような行為は禁止されています。良くSNSなどでAmazonの自身に関係のある商品に良い評価を付けるように依頼している人たちがいますが、これらは基本的には禁止行為です。注意するようにしましょう。

規約違反にもペナルティーが、軽いものから重いものまで様々あり、出品停止状態は改善をおこなえば元に戻してもらえることがほとんどですが、アカウントが停止したり、削除されたりした場合、復旧は非常に困難です。

うっかりとか、知らなかった、ではすまされない場合がほとんどなので、気になったときは必ず規約を調べたり、不明瞭な場合は**テクニカルサポート**に質問や相談をするようにしましょう。

SECTION 4-9 販売状況は定期的に チェックしておくことが大切

Amazonマーケットプレイスで売上を伸ばすために重要な点の一つとして「販売状況を定期的にチェック」しておくことが挙げられます。

自分の店の状態をリアルタイムでチェック

　FBAに商品を納入したら自動的にAmazonが販売を開始してくれますが、販売の状況は定期的にチェックしておきましょう。自分のお店がどんな状態なのか、随時ちゃんと把握しておくことで売上を伸ばしやすくなります。

　商品が売れていれば、在庫を増やしたり、新しい商品を入れたりするチャンスです。逆に、あまり売れていない商品は、値段を変えたり、**オリジナル商品**の場合は、商品タイトルや商品説明の箇所を修正したり、広告や販促を工夫していきます。

　また、お客様から質問が来ている場合は、早く丁寧に答えていきましょう。そうすることで、パフォーマンスはもちろん、お客様に信頼してもらえます。

　販売の状況は、**セラーセントラル**からとてもかんたんに確認することができます。定期的にチェックした方が良い箇所は次の箇所になります。

セラーセントラルのトップ画面のキー指標

　セラーセントラルのトップ画面の右上のキー指標の箇所でその日にどれぐらい商品が売れているのか、販売の概要をつかむことができます。時間がないときはここだけチェックしておきましょう。

4

Amazonマーケットプレイスを始めよう

▲キー指標にはその日の売上金額と、1週間の売上推移が表示されます。クリックして詳細画面を表示、期間を変更してデータをみることもできます

ビジネスレポート

　［メニュー］→［レポート］→［**ビジネスレポート**］から、売上や販売商品のチェックができる、ダッシュボードとレポートの詳細を見ることができます。

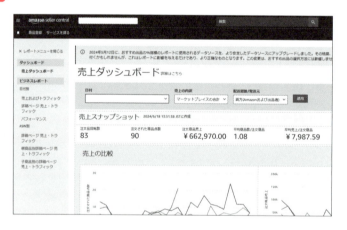

　ビジネスレポートは、日付別やASIN（商品）別に、データを見て行くこともできるので、オリジナル商品の販売をする場合、分析に必ず必要になってきます。ゆっくり慣れて行きましょう。

　販売状況については、他にも注文管理（［メニュー］→［注文］→［**注文管理**］）や注文レポート（［メニュー］→［注文］→［**注文レポート**］）でもデータを取ることができるのですが、これらはどちらかというと分析向けのデータなので、ここでは販売の状況を把握するには、セラーセントラルのトップ画面とビジネスレポートがある、と覚えておきましょう。

SECTION 4-10 販売実績について一喜一憂はしない方がいい理由

これはAmazonに限ったことではないのですが、商品の販売は長い目で見ていくことが大切です。ある日の売上は少なくても、翌日には多くの注文が入るかもしれません。

販売実績は冷静に分析することが大切

　特に販売実績という結果については、自分でコントロールできる部分と、そうでない部分があります。例えば商品ページのつくり、商品の品質や価格、広告や販促、お客様対応などは自身が積極的に取り組むことで、これらの質を向上して行けますが、その日にAmazonに来るお客様の数やライバルの行動と言ったような要素はコントロールできません。

　市場の変化、トレンドやライバルの動向といった要素はある程度予想することはできますが、それらの動き自体は私たちにはタッチできない部分になります。例えば、ライバルが同じ商品を大量出品したことで、値段が大幅に下がり、結果として売上が大きく下がってしまった、と言ったような場合など、自身の行動にミスがなくても、ライバルや市場の動向次第で販売実績が大きく変わる場合もあり得ます。

　販売実績は、自身の取り組み以外にも、曜日や時間帯、天候、季節イベント、市場の動向など、様々な要因で変動します。短期的な変動に焦って一喜一憂することは、エネルギーを消耗するだけでなく、長期的な視点を失う恐れがあります。

　コントロールできない要因によるマイナスの結果には、できるだけ一喜一憂せず、次のような点を心がけて行きましょう。

長期的な視点を重視する

　販売実績を評価する際は、短期的な変動よりも、長期的な結果を見ることが大事です。週単位、月単位、四半期単位など、一定期間の販売実績を分析することで、販売の全体的な傾向を把握できます。長期的な視点から販売実績を理解することで、適切な在庫管理や販売計画を立てることができます。

4 Amazonマーケットプレイスを始めよう

一時的な要因に惑わされない

　販売実績が一時的に低下したとき、焦って販売方針を変更したり、価格を下げたりすることは避けましょう。一時的な要因、例えば、競合他社のセールや在庫切れ、外部イベントの影響などが原因である可能性も多々あります。一時的な要因に惑わされずに、冷静に状況を分析して、長期的な視点で対応策を検討することが重要です。

感情的な意思決定を避ける

　販売実績の変動に一喜一憂することは、感情的な意思決定につながる恐れがあります。例えば、販売実績が低迷した時に、衝動的に新商品を仕入れたり、大幅な**価格変更**を行ったりすることは、大きなリスクを伴います。感情に振り回されずに、データに基づいた冷静な意思決定を心がけましょう。

継続的な改善に集中する

　販売実績の一時的な変動に気を取られるのではなく、本質的な継続的な改善に集中することが重要です。商品の品質向上や**販売ページ**の最適化など、長期的に販売力を高めるための取り組みに注力しましょう。継続的な改善によって、一時的な販売実績の変動に左右されにくくなって行きます。

メンタルヘルスへの配慮

　短期的な好不調に左右されることは、メンタルにも良くありません。売上が好調な時は過度に興奮し、低迷した時は落ち込むという感情の起伏は、ストレスの原因になりえます。販売実績を冷静に受け止め、感情をコントロールすることで、メンタルヘルスを維持し、長期的に安定した販売活動をおこなうことができます。

　もちろんずっと業績が悪い、と言ったようなケースであれば手を打たないといけませんが、短期的な変動はどんな出店者でも起きます。

　ニーズのある商品を販売してお客様に満足してもらうといった一連の流れができていれ長期的に見れば、売上は安定して上がっていきます。日々の浮き沈みに一喜一憂するのではなく、自身にできることを地道に継続して行きましょう。

SECTION 4-11 競合商品やライバルの動きはチェックしておこう

4-10で市場やライバルの動きはコントロールできないとお伝えしましたが、競合している商品やライバルがどんな状況か、競合商品やライバルの動向自体はチェックしておきましょう。競合商品やライバルの動向を知っておくことで、自身のコントロールできる範囲は広がります。

競合商品は定期的にチェックする

同じ商品に他の出店者が出品している場合や、ライバルが類似している商品を出品している場合、それらの商品や状況は定期的にチェックして行きましょう。

特に「せどり」「輸入」「輸出」でライバルが同じ商品を売っている場合は注意が必要です。ライバルが非常に安い値段で大量に出品したタイミングなどは、売り値の価格が下がっている状態なので、商品を仕入れるタイミングとしては適切ではありません。

同じ商品に他の出品者がいるケースは、他の出品者が何人いるか、また売り値の価格がいくらなのか、見ておきましょう。これはあくまで目安になりますが、出品者が5人以上になってくると、**価格競争**になり、売り値の価格が下がって行くことが多いので、注意する必要があります。

競合者の類似商品は特に細かくチェックする

ライバルが類似の商品を販売している場合は、販売ページのレビューの数と内容や、商品の価格をチェックしてみましょう。

またライバル商品の評価や口コミを読むことで、お客様が何を求めているのかがわかります。そうすれば、自分の商品をもっと魅力的にすることができるでしょう。

また、**競合商品**の価格をチェックしておきましょう。自身の商品の価格設定の参考にすることができます。競合他社が価格を下げた場合は、安易な値下げ競争は避け、商品の価値や利益率を考慮した上で、適切な**価格設定**をおこなうことが重要です。

競合商品やライバルの動きをチェックすることは自身の販売方法にも非常に参考になります。それらの商品やライバルの状況は定期的にチェックして行きましょう。

4 Amazonマーケットプレイスを始めよう

SECTION 4-12 途中で法人に変更した際の手続きについて

Amazonマーケットプレイスで、最初は副業や個人事業主として販売を始めたけど、事業が拡大して会社組織化する必要が出てきたり、税金対応のためや信頼度を上げるために法人化したい、と言ったような理由で法人を設立して販売を続けることも珍しくありません。

法人アカウントになっても変わらない

登録時は個人と法人では作成方法に違いがあるのですが、一度**出品アカウント**を作成した後は、個人が法人になった場合にアカウント形態などが変更になることはありません。

この場合の手続きは、**出品者情報**の内容を個人のものから法人のものに修正します。
※ただ、今後ルールが変わることも考えられるので、念のため変更前はテクニカルサポートに確認してから変更するようにしましょう。

① 出品者情報の内容の変更

セラーセントラルからの「設定」メニューから、「出品用アカウント情報」をクリックします。

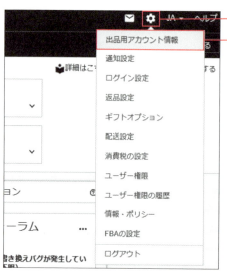

1) [設定] をクリック
2) 「出品用アカウント情報」をクリック

② 個人の情報を法人の情報に更新

このページの中の「出品者情報」で、個人の情報を法人の情報に更新して行きます。

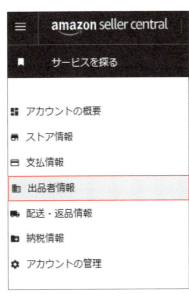

1) [出品者情報] をクリック

また出品者情報を個人のものから法人のものにした場合、その後Amazonから納税者番号（法人番号）、インボイス番号、登記簿謄本、その他の情報を求められることもあります。その場合は随時、適切に対応して行きましょう。

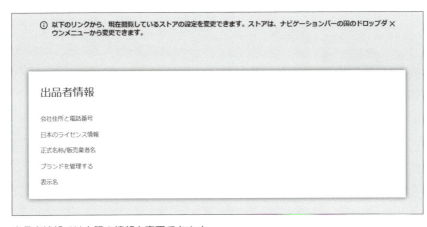

出品者情報では上記の情報を変更できます。

COLUMN

自分たちの商品のポジションを明確にしよう

オリジナル商品を販売する場合の大事なことの一つに、販売や販促活動の前に、しっかりと商品自体を差別化させておく必要があります。

競合商品と似たような商品にいくらお金をかけて広告をかけても効果は薄くなります。また同じような商品だと他の競合商品と価格競争になりがちです。

それを避けるためにも、商品自体をしっかりと差別化させてセールスポイントを明確にしていきましょう。そのために有効な手法の一つが「ポジショニングマップ」を作ることです。ポジショニングマップをつくることで、あなたやあなたの会社の商品のどういった点が他の商品と違うのか、セールスポイントや訴求するポイントを明確にして行くことができます。

ポジショニングマップは、一般に縦軸×横軸にそれぞれ、お客様の購買要因を決めて、競合やライバルとの立ち位置の違いを明確にする図のことを言います。

ポジショニングマップを作る際は、お客様があなたやあなたの会社の商品を選ぶ決め手と思われる要素をまず書き出していきます。これをKBF(Key Buying Factor、購買決定要因)と言いますが、いくつかKBFを書き出したら、その中からまず2つ、お客様が重要視していると思われる項目を選んでみましょう。

その選んだ2つのKBFを、それぞれ縦軸と横軸に置いて、あなたやあなたの会社の商品の位置と共に、競合やライバルの位置を書いて行きます。

例えば1人用のテントを売ろうかな、と考えているような場合、次のようにマップをつくって行きます。

ポジショニングマップをつくることで、一目であなたやあなたの会社の商品のポジションがわかるので、他社がカバーしていないポジションを取りに行くことができます。

1つ目のポジショニングマップで競合やライバルと立ち位置がかぶってしまう場合もあります。そう言った場合は、より細分化して別の要素を加えた2つ目、3つ目のポジショニングマップをつくって行きましょう。

差別化されてセールスポイントが明確な商品は非常に売れやすいです。オリジナル商品を販売する際は、競合やライバルの情報をしっかり調べてポジショニングマップをつくって、自分や自分たちの商品のポジションを明確にして行きましょう。

ポジショニングマップの例 「テント」

KBF: 女性用
性別

あなたや
あなたの
会社の商品

3人〜
4人用

競合の商品 C

1人〜
2人用

KBF:
何人用か

競合の商品 B

競合の商品 A

男性用

CHAPTER 5

販売をスタートしたらやるべきこと

SECTION
5-1 在庫登録やFBA納品

Amazonで販売を開始したら在庫の登録をおこないましょう。Amazonでは前章までお伝えした通り、お客様に商品を発送する2つの方法があり、1つ目が自身で発送する方法と、2つ目がFBAから発送する方法になります。

2つの発送方法の詳細について

自身で発送する場合は在庫の登録をするだけでOKです。FBAで発送する場合はAmazonの**フルフィルメントセンター**（倉庫）に納品する必要があります。

① 在庫の登録をする

自身で発送する場合もFBAで発送する場合も、在庫の登録は、セラーセントラルのメニューの「在庫」の管理画面でおこないます。

1）［在庫］をクリック
2）［全在庫の管理］を選択

② 在庫数を変更する

自身で発送する場合は、「在庫あり」の箇所に表示されている数字を、在庫数に変更するか、各商品の詳細ページから在庫数を変更します。

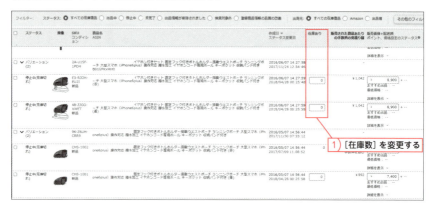

1）［在庫数］を変更する

商品が売れたら自身で商品をお客様まで送付します。お客様には出来るだけ早く、綺麗な梱包で届けることが大切です。発送したらお客様に**発送通知**をします。

FBAを使っている場合

　FBAの場合は、Amazonのフルフィルメントセンター（倉庫）に商品を納入することで、Amazonが在庫数を計上してくれます。

① FBAに納品する

左側にあるチェックボックスにチェックを入れて、上の「選択中の商品を一括変更」をクリックします。

② FBAでの発送方法を選択する

「Amazonから出荷」もしくは「在庫商品を納入/補充する」を選択します。

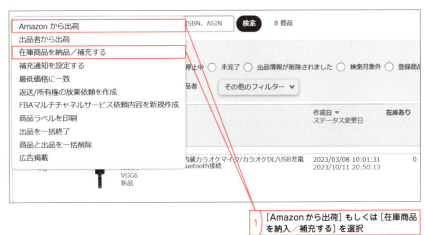

5　販売をスタートしたらやるべきこと

③ 他の方法について

各商品の一番右にある［詳細の編集］のとなりにある矢印のプルダウンから、「在庫商品を納入／補充する」を選択することもできます。

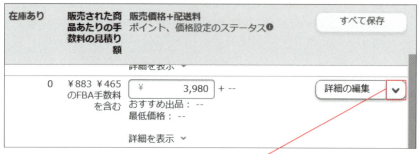

④ 必要な情報を入力

あとは「Amazonへ納品」画面に進むので、画面の案内にそって、必要な情報を入れて行きます。

　必要な情報は、商品数、梱包の情報、梱包のサイズや重さ、**バーコード情報**（商品のJANコードで納品するのか、Amazonの指定するSKUラベルにするか）、輸送箱ラベルの印刷、配送会社情報、追跡情報などになります。

　特に、バーコードのない商品については、必ず上記の情報入力中に画面で指定されるSKUラベルを商品に貼る必要があるので注意しましょう。**SKUラベル**は指定された箇所からダウンロードできます。

　情報全部を入力して、梱包したら、送付する荷物にFBA向け出荷ラベルを貼ります。出荷ラベルは上記の画面の途中で出てきた輸送箱ラベルの印刷情報から、ダウンロードすることができます。

　梱包が終わったら選択した発送方法で商品を納入しましょう。Amazonの提携キャリアを利用することで、発送料の割引を受けられる場合があります。発送後、追跡番号を同じ管理画面から入力し、Amazonに発送情報を通知します。

　商品がAmazonのフルフィルメントセンター（倉庫）に到着すると、Amazonのスタッフさんが商品を検品し、在庫に計上してくれます。この過程で、商品の状態や梱包に問題がある場合は、出品者に通知されます。

　受領の状況はセラーセントラルのメニューから、[在庫]→[納品]と進んだ先の画面で確認することができます。

　Amazonのフルフィルメントセンター側で受領が完了したら納品は無事完了です。後は商品の注文が入れば、Amazonが商品のピッキング、梱包、発送を実行してくれます。

　在庫の登録や、FBAへの納品方法は以上になります。在庫量の管理の詳細は次の章で後述しますが、特に売れ筋商品など在庫を切らさないようにして行きましょう。

※SKUラベルの印刷について、Amazonの購入用の検索画面で、「**FBA対応シール**」と検索すれば、SKUラベル印刷用のシールを見つけることができます。

SECTION 5-2 ストア名をもう一度考えてみよう

Amazonのストア名は自身のお店の名前のことです。販売ページの「販売者」の部分にも表示されるので、お客様から見られることの多い大切なポイントになります。

ストア名は重要

ストア名は出品者アカウントの作成のときに設定していますが、重要な箇所なので、もう一度見直してみましょう。

ストア名が大事な大きな理由の一つが、商品が購入される率、成約率に影響を与えることです。お客様が商品を買うことを考えているとき、ストア名が変なものであると購入を控えてしまうことがあります。

逆にとても良いものであれば、購入の背中を押すことにもつながりやすくなります。お客様視点で「こんなお店から買ってみたい」と思えるストア名にすることが大切です。

また、商品のイメージやターゲットとするお客様の層とずれていると、良い印象を与えません。例えば、キュートでポップな商品を扱うのに、漢字ばかりの名前だとイメージに合いません。

また年配の方向けの固い商品を扱うのに、可愛い感じの名前だとこれもまたイメージに合わないでしょう。

なお、ストア名は短くてシンプルな方がよいです。難しい言葉を使うよりも、シンプルでわかりやすい名前の方が、お客さんに親しみを持ってもらえます。

ありがちですが、英語の横文字のカッコイイけど、意味が良くわからないような店名は、Amazonの外でも**ブランディング**に取り組むのであれば良いですが、Amazonの中だけで始めようとする場合は、埋没してしまいがちです。

また人を不愉快にするような言葉やそのままパクったような店名はNGです。「わかり

やすい」「商品やターゲットのイメージに合っている」「公序良俗に反しない」店名にして行きましょう。

① ストア名を変更する

ストア名の変更は、セラーセントラルの設定箇所から［出品用アカウント情報］を選択、［ストア情報］→［出品者のプロフィール］に進みます。

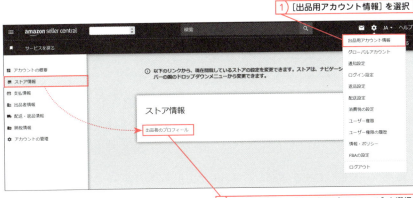

1）［出品用アカウント情報］を選択
2）［ストア情報］→［出品者のプロフィール］を選択

② 必用な情報を変更する

ストアの詳細を編集の箇所で変更します。

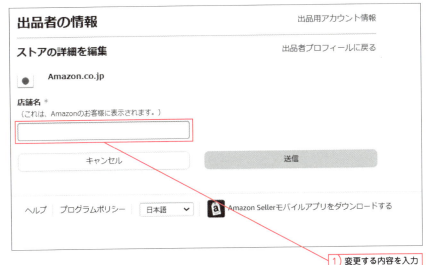

1）変更する内容を入力

5 販売をスタートしたらやるべきこと

113

SECTION
5-3 お客様の質問への回答

Amazonマーケットプレイスで販売していると、お客様から質問が来ることがあります。質問には2種類あり、商品に関して出品者宛に来るものと、購入に関して販売者宛に来るものがあります。

お客様からの質問に答える方法

　出品者宛として商品に関して来る質問については登録しているメール宛に連絡が来ます。購入前なので「この商品の色は何色ですか？」と言ったような商品のスペックに関する質問が多いです。

　販売ページに他の出品者がいる場合は他の出品者が回答する場合もあります。答えなくても特に**ペナルティー**などはありませんが、質問に回答することで販売できる確率はあがるのでできるだけ答えられるとベターです。

　販売者宛として購入に関する質問については、セラーセントラルで通知や質問を確認することができます。

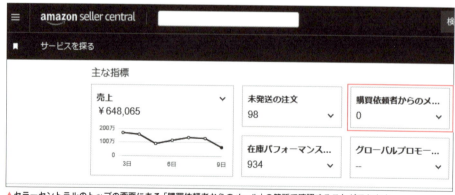

▲セラーセントラルのトップの画面にある「購買依頼者からのメール」の箇所で確認することができます

Amazonが回答してくれる場合

Amazon FBAを活用していれば質問は基本的にはAmazonが対応してくれますが、購入者から質問が来る場合もあり、その場合はこの箇所から連絡することになります。購入者はすでに商品を買っているお客様なので、配送に関するお問い合わせが多いです。

購入者からの質問に関しては、きちんと対応しないとキャンセルをされたり、レビューに悪い評価を書かれたり、パフォーマンスの指標にも悪影響を与えます。

また、ペナルティー云々の前に、お客様に満足してもらうことで商売は次につながり成長していきます。購入してくれたお客様には次のような点に気を付けて対応して行きましょう。

●迅速な対応

質問回答の期限もありますが、質問には迅速な回答を心がけましょう。質問への対応が早いお店が信頼されることはあっても、対応が遅いお店が良い印象を抱かれることは稀です。

もしAmazon側に問い合わせや確認をしないとわからないような、すぐに答えられない場合も「調べるので少々お時間ください。」と言ったように一報を入れることが大切です。

●端的で正確な回答

質問に対しては、端的で正確な**回答**を心がけましょう。曖昧な回答や不正確な情報は、顧客の混乱を招くだけでなく、信頼を損なう恐れがあります。また長々しい文章は読みづらいので端的な回答にしましょう。

●丁寧な言葉遣い

また、丁寧な言葉使いを心がけましょう。「ご質問ありがとうございます」「お待たせしてすみません」といった相手の立場を想像し、寄り添った言葉を使うことで、お客様は不快になりにくくなります。

質問が増えてきたらやること

なお、質問が増えてきたら、次のような準備や対応をすることもオススメです。

●定型文をつくっておく

よくある質問については、あらかじめ定型文を準備しておくと効率的です。ただし、画

一的な回答にならないよう、質問の内容に合わせて適宜修正を加えることが重要です。定型文を活用しつつ、個別の質問に丁寧に対応するようにしましょう。

●質問内容の分析と対応

　使い方など、商品に関する同じような質問が多い場合は、お客様からの質問内容を分析することで、商品ページの改善点を見つけることができる場合もあります。同じような質問が多い場合は、商品説明や画像を充実させることで、同様の質問を減らすことができるかもしれません。上記はあくまで一例ですが、**質問内容を分析**して適切な対応を取りましょう。

　特にAmazon FBAを活用していると見落としがちになってきますが、お客様に満足いただくことは商売の一番の基本です。お客様からの質問には迅速丁寧に対応して信頼を積み重ねて行きましょう。

▲返信の必要があるメールがない場合は上記のように表示されます

●対応履歴や文章を残しておく

　これは必ずやらないといけないことではありませんが、お客様への対応履歴や文章をメモ帳やワードなどに残しておくこともオススメです。同様のケースが発生したり、テクニカルサポートに説明するために必要になる場合など、後々役に立つことが多くあります。

　対応履歴や文章を残す際は、日付とどんな課題や案件だったかを簡単にタイトル付けしておくと、後で調べやすくなります。特に、会社やチームで取り組んでいる際は、情報共有のためのフォルダに対応履歴や文章を残しておくと、他のメンバーの参考にもなります。

SECTION
5-4 販売ページの最適化

せどりの場合は、既存の販売ページに何人かの出品者で出品するケースが多いので、販売ページの最適化は必須ではありませんが、オリジナル商品を販売する場合、販売ページの強化は必須です。

販売ページの作成ポイント

商品のタイトルや画像、販売ページのつくり方一つで売上は大きく変わってきます。販売ページをつくる際に特に気を付けた方が良い点は以下のポイントです。

●興味を引くタイトル

商品タイトルはわかりやすく魅力的なタイトルを付けていきましょう。商品の特長や利点も明確に伝えられるとベターです。

●競合商品との違いを明確にする

競合商品と同じような商品タイトルや画像、同じような**セールスポイント**、同じような価格を付けると商品が埋没してしまいます。競合商品と何が違うのか明確にして、商品タイトルや画像、セールスポイント、価格などに反映して行きましょう。

●A＋を追加する

オリジナル商品を販売するときは、A＋はぜひ追加して行きましょう。A＋では画像と文章で商品の利点をアピールしていけますし、お客様にとってはキチンとしたページがあると安心します。成約率にも大きく影響するので、特に売れ筋商品の販売ページには必ずつくるようにしましょう。

●スマートフォン重視のつくりにする

他の**ECサイト**やネットショップのお客様同様、Amazonのお客様も大半はスマートフォンから注文します。ページづくりの作業自体はPCでおこなうことが多いと思いますが、スマートフォンからの見え方を必ずチェックしましょう。

●SEO上の最適化

狙っている検索ワードで上位表示されるためにSEO上最適な構成にして行きましょ

5

販売をスタートしたらやるべきこと

う。Amazonは公表していませんが、内部で販売ページごとにスコアを付けています。スコアの点数を下げられないようにすることが重要です。

次の箇所の構成には気を付けましょう

●商品タイトル

50文字以内、多くても70文字以内にして行きましょう。

●箇条書き部分

箇条書き部分は項目ごとに200文字以内。全部で1000文字以内を目安につくりましょう。項目の数は5がオススメです。

●説明文部分

商品の説明文の部分は600文字以内にしましょう。A+を追加するとこの部分は販売ページには表示されなくなりますが、情報は入れておきましょう。

●メイン画像

メイン画像は1000px以上の画像データにして、販売ページでお客様が画像をクリックしたとき、ズームができるようにしておきましょう。

●画像の枚数

メインの画像を1枚のほか、サブの画像は6枚（動画を入れる場合はサブ画像5枚と動画）で設定しましょう。

●リーフノード設定

商品にあった適切なカテゴリーに設定しましょう。

●検索キーワード設定

商品の詳細の編集の箇所で、**検索キーワード**を設定しておきましょう。

検索キーワードは「子供用 パジャマ 女の子用」と言ったように「,（カンマ）」ではなく、スペース半角で区切って入力して行きましょう。また検索キーワードにブランド名を入れるのは規約違反なので注意しましょう。

　販売ページの強化はオリジナル商品を販売する際は必須です。販売ページのつくりの良し悪しは売上に直結します。上記のポイントを押さえつつ、自分の商品の強みや魅力を最大限引き出せるページをつくって行きましょう。

広告の必要性と種類について

　Amazonマーケットプレイスに出品したとき、せどりのように既存の商品ページに出品した場合はすぐに商品が売れやすいですが、これまでAmazonに出品されていない新しい商品ページをつくった場合、何もしないと商品は通常売れません。

　これは新しい商品ページは、お客様が欲しい商品に関連するキーワードで検索したときに、検索の上位に表示されていない、もしくは検索自体にも引っかからない状態になっているからです。せっかく出品しても、お客様が見てくれなければ商品は売れません。

　キーワードで検索したときに、1ページ目で続きを見ることをしない、離脱してしまうお客様は全体の80%ほどだと言われています。要はキーワードで検索したときに1ページ目に表示されていなければ8割のお客様は商品の存在すら知らない状態です。

　そこで役に立ってくるのが「広告」です。Amazonの広告を活用することで1ページ目に商品を表示させることが可能になります。オリジナル商品を販売するときに、広告を活用することは必須になってきます。

　また広告を活用することで、自然検索上も1ページ目にもって行くための**SEO**（Search Engine Optimization 検索エンジン最適化）対策も同時に実施できます。

　Amazonの**検索アルゴリズム**であるA10では、Amazonの検索表示で目立たせるためには、「売れ続ける」ことが重要だとされています。楽天市場など他のプラットフォームの場合は長期間の実績も重視されますが、Amazonの場合は直近の実績が重視されているので、直近売れ続けることで自然検索でも上位表示を維持できます。

　ですので長期的なSEO対策のためにも広告を活用することが必要になってきます。

　Amazonの広告の種類には大きく「スポンサープロダクト広告」「スポンサーブランド

5

販売をスタートしたらやるべきこと

119

広告」「スポンサーディスプレイ広告」の3つの広告があります。それぞれの特長は次の通りとなっています。

	スポンサープロダクト広告 (SP)	スポンサーブランド広告 (SB)	スポンサーディスプレイ広告 (SD)
広告の主目的	個々の商品の露出を増やす	ブランドの認知を高める	広告表示対象範囲をさらに広げる
広告の表示場所	キーワード検索や商品ページ内	キーワード検索や商品ページ内	キーワード検索や商品ページ内 トップページや外部サイト
ターゲティング方法	検索キーワードや商品	検索キーワードや商品	ユーザーの興味や行動
課金方法	クリック課金型	クリック課金型	クリック課金型 インプレッション課金型

※Amazonの広告には、他にAmazon DSP広告というAmazonの内だけではなく外部にもリーチできる広告フォーマットがあります。Amazon DSP広告は細かく広告のリーチ先をセグメントできたり設定したりできる利点がありますが、購買意欲の低い「潜在層」にアプローチする広告であることや、Amazonもしくは一部の広告代理店のみが運用できる広告で、ある程度の運用金額も必要になってくるので、本書では省略いたします。

それぞれの広告の表示位置の大まかな位置は次の通りです。

●スポンサープロダクト広告（SP）

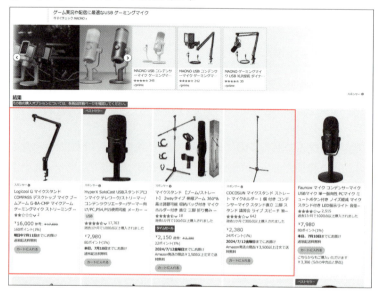

●スポンサーブランド広告（SB）

●スポンサーディスプレイ広告（SD）

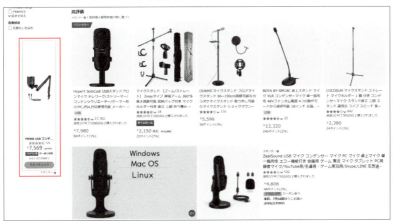

　広告は全ての広告を使う必要はありません。はじめのうちは基本となるスポンサープロダクト広告（SP）のみ設定する形でも十分効果的です。

　次のセクションでは、そのスポンサープロダクト広告の出稿と設定について見て行きましょう。

SECTION 5-5 スポンサープロダクト広告（SP）の出稿と設定について

Amazonのスポンサープロダクト広告は、「個々の商品の露出を増やす」ための広告で、Amazon広告の基本になります。

スポンサープロダクト広告の仕組み

スポンサープロダクト広告に出稿すると、お客様がAmazon内で「検索したキーワード」の検索結果の上部や途中に、または「閲覧している商品」の下部に、あなたの売りたい商品の広告を表示させることができます。

●キーワード検索の検索結果の上部や途中に広告表示される

● 閲覧している商品の下部に広告表示される

スポンサープロダクト広告の主な目的は、購買意欲の高いキーワードや関連商品に広告を出稿することで商品の販売につなげることと、お客様の検索キーワードからの注文件数を増やし、商品販売ページのAmazon内の検索順位を上げることになります。

広告を出稿することで直接的に商品の売上につながることはもちろんのこと、検索キーワード経由の注文件数が増えることによってAmazon内の検索順位も上がるSEOの効果もあり、**自然検索経由**の流入も増えやすくなるので、商品がより販売されやすくなります。

またAmazonの販売ページの検索順位は一度上がると、在庫切れなどの大きなマイナスポイントがない限りは、順位が落ちにくくなるので、検索上位に入り売れれば売れるほど、更に売れやすくなる、という好循環に入ることができます。

スポンサープロダクト広告のメリットとは

スポンサープロダクト広告には、以下のような特長やメリットがあります。
- 購買意欲の高い顧客層に広告を配信できる
- 検索結果ページや商品ページに掲載されるので広告としての売り出し感が薄く見える
- 商品自体が広告になっているので、クリエイティブ作成の必要がない

- 最低予算がないので、少額から配信できる
- キーワード経由の注文件数が増えると、Amazon内の検索順位が上がる
- 広告がクリックされた場合にのみ課金される**クリック課金**（Cost Per Click）型の広告のため、費用対効果の検証がしやすい

スポンサープロダクト広告を出せるのは大口出品者だけ

　スポンサープロダクト広告に出稿するためには、**大口出品者**である必要があります。広告の商品が1つまたは複数の該当カテゴリーに属し、おすすめ出品の利用資格を満たしている必要があるという条件もあるのですが、通常これらの要件は満たしているので、大口出品者であれば普通は広告出稿可能です。（2024年6月時点）

スポンサープロダクト広告を出す方法

① 広告の設定画面を表示させる

広告の設定画面へは、セラーセントラルのメニューから ［広告］→［広告キャンペーンマネージャー］と進みます。

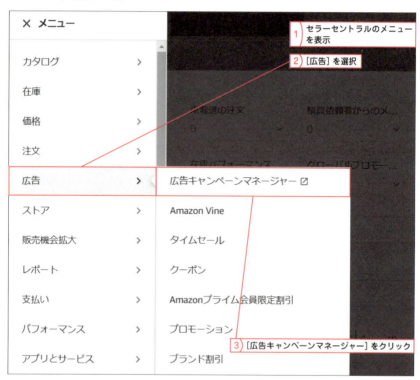

② スポンサープロダクト広告を選択する

新しいキャンペーンの設定画面から、スポンサープロダクト広告を選択します。

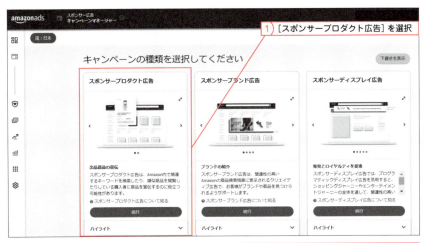

スポンサープロダクト広告のターゲットの設定について

　スポンサープロダクト広告の**ターゲットの設定**は大きく、**オートターゲティング**（自動）と**マニュアルターゲティング**（手動）の2種類があり、その中でも、検索キーワードへのターゲティングと商品やカテゴリーへのターゲティングにそれぞれ大別できます。

　スポンサープロダクト広告をかける前に特に注意すべき点は、販売ページの情報をしっかりと記載しているかという点です。商品の詳細ページであるA+の作成をしていることが望ましいです。

　販売ページの情報が不足していると、せっかく広告をかけて見込みのお客様を集めても**ユニットセッション率**（成約率）が上がらないため、広告の効果が上がりづらくなります。

　オススメの設定は商品が多い場合はキャンペーンは商品カテゴリーごと、商品が少ない場合は商品ごとに、次のキャンペーン／広告グループを作成します。

●オート設定
- オート広告

●マニュアル設定
- 自身の商品に関連する一般的なキーワード（商品の一般的な名称など）
- 自身の商品のブランド関連のキーワード（自身の商品のブランド名など）
- 競合商品のブランド関連のキーワード（競合商品のブランド名など）
- 自身の商品が出品しているカテゴリー
- 自身の商品のブランドの他の商品
- 競合商品のブランド関連の商品

　まずオートの広告をかけてみて、費用対効果の良いキーワードが見つかったら、それらのキーワードに関して**マニュアルターゲティング**で詳細に設定して運用して行くと費用対効果を検証しやすくなります。

　複雑な設定が難しければ、まずオート広告、自身の商品が出品しているカテゴリーに広告を出してみましょう。これらは一般的にクリックされやすいので見込みのお客様が集めやすくなります。

　最終的には重要なキーワードに重点的に広告を出せると費用対効果は上がりますが、実際に広告をかけてみないことには、どのキーワードが重要なキーワードなのかがわからないので、まずは一定期間オート広告をかけてみて、結果を見てみましょう。

　「**広告グループ**」の中のメニューにある、「**検索用語**」をクリックすると、その広告グループで何らかの反応があったキーワードや商品をチェックすることができます。

キーワードや商品ごとの「インプレッション（広告の表示回数）」「クリック数」「広告費」「注文」「売上」などの指標がチェックできるので、それらの運用結果を見てマニュアルターゲティングで設定することで、無駄の少ない効率的な運用が可能です。

また、継続的な広告の費用対効果はもちろん考えなければいけませんが、商品販売ページをリリース直後は、できれば検索順位を上げるために、広告を強めにかけることを推奨します。

楽天市場などでは「短い期間」「中期的な期間」「長期的な期間」といったそれぞれの指標で検索順位が決められているアルゴリズムになっているので、販売開始直後に多く売れたとしても検索順位がそこまで一気に上がるわけではないですが、Amazonでは「短い期間」の「注文数」で見られているアルゴリズム（2024年6月時点）なので、販売開始直後に多く売れると検索順位は一気に上がり、かつ順位も落ちにくくなります。

商品販売ページをリリースした販売開始直後は、予算があれば検索順位を上げるため、とある程度は割り切って広告をかけられるとベターです。

スポンサープロダクト広告の入札戦略について

スポンサープロダクト広告では、次の3つの入札戦略が選択できます。

●動的な入札 – ダウンのみ

広告が販売につながりにくいとAmazonが判断したクリックに関して、リアルタイムで入札額が自動的に引き下げられます。

●動的な入札 – アップとダウン

広告が販売につながる可能性が高いとAmazonが判断したクリックに関しては、リアルタイムで入札額が自動的に引き上げられ、売上につながりにくいクリックと判断したものについては入札額が引き下げられます。

●固定入札額

すべての広告に固定の入札額が使用され、販売可能性の見込みに基づいた入札額の調整は行われません。

キャンペーンをつくりたてのころは、広告の入りが悪いので、「**動的な入札**アップとダウン」から運用を始めると、広告が入りやすくなります。

5

販売をスタートしたらやるべきこと

その後「動的な入札-ダウンのみ」にすると、販売につながりにくい広告への出稿金額が抑えられるので費用対効果のよくない広告が抑えられます。

　そして、広告で**インプレッション**と売上が増えてきたら、もう一度「動的な入札-アップとダウン」に切り替えるのもオススメです。より売上件数を増やすためにブーストをかけるためです。こうすると平均クリック単価が上昇することがほとんどなので、顧客獲得単価を見ながら、入札額を手動で調整します。

　一定期間、運用してみて状況が見えてきたら、「動的な入札-ダウンのみ」に戻しましょう。広告費の額をコントロールしやすくなります。

※上記がオススメの入札戦略の設定の流れですが、もし難しいと感じたら「動的な入札ダウンのみ」の設定で固定しておきましょう。

　キャンペーンの設定が終わったら、いよいよ広告をスタートさせて行きましょう。広告は「習うより慣れよ」です。1日の予算やキャンペーンごとの予算の上限を設定しておけば、予想外の出費も抑えられるので、予算を決めてじっくりと取り組んで行きましょう。

▲運用結果はキャンペーンマネージャーの画面やレポートから見ることができます

SECTION
5-6　プロモーションや販売促進

広告と並んでお客様に商品を見つけてもらい売上を伸ばすために有効な手段が、Amazonマーケットプレイスが準備してくれているプロモーションや販売促進のシステムになります。

Amazonマーケットプレイス独自の販促支援について

プロモーションや販売促進をすることで、商品の露出が増えたり、お客様にとっては割引価格になるので、商品を買いやすくなります。

Amazonマーケットプレイスのプロモーションや販売促進には次のようなものがあります。

●割引価格

商品を割引価格に設定します。最も簡単にできる設定です。商品ごとの「詳細設定」から設定することができます。

●プロモーション

商品を割引価格にしたり、1点購入でもう1点プレゼント、と言った施策ができます。セラーセントラルの [広告] → [プロモーション] から設定できます。

●クーポン

クーポンを使うことで商品を割引価格にすることができます。セラーセントラルの [広告] → [クーポン] から設定できます。

●ポイント還元

購入してくれたお客様へ還元するポイントの料率を変更することができます。セラーセントラルの [広告] → [ポイント] から設定できます。

●タイムセール

Amazonマーケットプレイスが定期的におこなっているタイムセールに、資格を満たした商品の場合、エントリーすることができます。セラーセントラルの [広告] → [タイムセール] から設定できます。

●Amazonプライム会員限定割引

　Amazonプライム会員限定の割引で、プライム感謝祭向けにおこなうこともできます。セラーセントラルの［広告］→［**Amazonプライム会員限定割引**］から設定できます。

●ブランド割引

　最近新しく実装された販促機能で、Amazonブランド登録した出品者限定で、過去に購入してくれたお客様もしくはカートに追加したが購入しなかったお客様に割引コードを送ることができます。セラーセントラルの［広告］→［**ブランド割引**］から設定できます。

●大型セール

　Amazonが定期的にほぼ毎月おこなっているセールに、Amazonから提案があった出店者の場合のみエントリーすることが可能です。特にプライム感謝祭やブラックフライデーと言ったビッグセールは大きく売上を伸ばすチャンスですが、選ばれるためには実績が必要になってきます。

　以上が、Amazonマーケットプレイスのプロモーションや販売促進の施策になります。オススメは「**タイムセール**」と「**大型セール**」です。エントリーに資格や、エントリーのための料金がかかってきますが、結果が出やすいのでオススメです。

　Amazonでの売上を大きく拡大するために、プロモーションや販売促進は、売上に直結する重要な取り組みになります。計画的に実行して行きましょう。

◀各販促支援を自身の状況に合わせて活用していきましょう

SECTION
5-7 外部のプロモーション

Amazonマーケットプレイスの出店者は、Amazonの中だけではなく、外でもプロモーションを実施することもできます。

外部プロモーションとは

Amazonの枠を超えて、見込みのお客様や潜在的なお客様にアプローチすることで、商品の売上拡大や認知度の向上を図ることができます。

※なお、Amazonの外からAmazonの販売ページを紹介することは規約違反にはあたりませんが、Amazonの中からAmazonの**外部のサイト**や**SNS**などに誘導することは規約違反なので注意しましょう。

ここでは、Amazon出品者が活用できる外部プロモーションの手法をご紹介します。

●インスタグラムやYoutubeなどSNSのインフルエンサーによる発信

インスタグラムや**Youtube**などでたくさんのフォロワーや影響力のある**インフルエンサー**と呼ばれる人に商品を使ってもらい、商品の使用法や感想を、画像や動画で、SNS上で発信してもらいます。

実際の商品の使用感や魅力を、視覚や聴覚で伝えることができることはもちろん、インフルエンサーのフォロワーは、そのインフルエンサーのファンであることが多いので、購入につながりやすくなります。インフルエンサー施策とも呼ばれます。

●ブログ、SNS、サイトでの情報発信

自身のブログ、SNSやサイトで情報発信して商品を紹介します。自身のメディアであれば自由度も高く、短期的なものではなく、長期的に導線が残ります。

●プレスリリースの配信

新商品の発売や特別キャンペーンの実施など、ニュース性のある場合は、プレスリリースとして配信することで、メディアに取り上げてもらう機会を増やすこともできます。メディア露出による認知度向上が期待できます。

●展示会やイベントへの出展

　展示会やイベントに出展し、直接ユーザーとコミュニケーションを取ることで、商品の魅力を伝えることができます。来場者にAmazonでの購入を促すチラシを配布するなど、売上につなげる工夫も必要です。

●外部広告の活用

　Amazon外部の広告を活用して、Amazonでの購入につなげることもできます。

　Amazonの販促やプロモーションは、Amazon内部のものが充実しているので、まずはそちらに注力すべきですが、Amazon内部にライバルや競合商品が多く、広告費が高騰しているような場合は特に、外部のチャネルを活用した**プロモーション**は費用対効果が良かったり、相乗効果をもたらすことも多いです。

　自身の状況や使える資金や予算を見ながら、Amazonでの施策と外部の施策を連動させて統合的なプロモーション展開を図ることも視野に入れて行きましょう。

▲プレスリリースからニュースや話題になることもあります

SECTION 5-8 Amazon内のSEO（検索エンジン最適化）

オリジナル商品をAmazonで販売する上で最も大切なことの一つが、あるキーワードで検索されたときに、1ページ目に表示されることです。

Amazonにおける SEO 対策の基本

Amazonでは検索の際、1ページ目でお客様の7割から8割はページを離れると言われています。ですのでAmazonでオリジナル商品を販売しようとする場合は、できるだけAmazonの検索エンジン上で上位表示、1ページ目に表示させることで、お客様から商品が見られて販売増加に繋がります。1ページ目まで行かずとも出来るだけ上位のページや場所に表示させることが重要です。

Amazonの**検索エンジン**上で上位表示させる最適化のことを、Amazon内のSEO（Search Engine Optimization 検索エンジン最適化）と言います。ここでは、オリジナル商品を販売するAmazonマーケットプレイスの出店者が意識するべきポイントをお伝えします。

●検索ワードの選定

SEOの基本は、適切なキーワードを選定することです。購入につながらないキーワードの順位をいくら上げても意味がありません。検索ワードの選定にはAmazonの検索窓で候補のキーワードを入力し、**サジェスト**されるキーワードを参考にする方法や、Amazonブランド登録をしている場合はブランド分析のデータを参考にする方法があります。

また競合商品のタイトルや説明文に使われているキーワードも参考になります。

●注文数

Amazonマーケットプレイスでは「一定期間の注文数」がSEOの評価に大きく影響します。また期間は長期的なものではなく、直近のものが優先されます。広告などを上手に活用して、上記で選択した検索ワードを中心に、注文数を増やすことが重要です。

5

販売をスタートしたらやるべきこと

●在庫管理

在庫切れを起こすと、大きくSEOの評価に悪影響を与えます。在庫切れを起こさないように常に在庫の確保と供給を意識しましょう。

●商品タイトルや販売ページの最適化

商品タイトルや販売ページを最適化することで、Amazon内部のSEO上のスコアが上がり、検索順位の上位に表示されやすくなります。前述の販売ページの最適化を参考に、商品タイトルや販売ページをSEO上評価されやすいように作成して行きましょう。

●FBAの利用

FBAを利用することで、SEOの評価に良い影響を与えます。

●検索用キーワードの設定

商品の詳細編集の中にある「**検索用キーワード**」のフィールドに検索ワードを設定します。商品タイトルや商品説明文に検索ワードを設定する方が重要とされていますが、それらに比べて少なくても影響自体はあるので忘れずに設定しましょう。なおブランド名を設定することは規約違反にあたるので注意しましょう。

●商品レビューの獲得

商品へのレビュー、評価もSEOに影響を与えます。**レビュー件数**が多く、評価の高い商品は検索結果で上位に表示される傾向があります。レビュー数が著しく少ない場合は、後述するAmazon Vineの施策の実施も検討しましょう。

またSEO対策をするとき、まず次の点を特に気を付けましょう。

●キーワードの詰め込み過ぎ

検索ワードを沢山入れたい、とキーワードを商品タイトルや商品説明文、A+に詰め込みすぎるのは逆効果になります。あくまで自然な文章の中に入れて行きましょう。

●インデックスされているかどうか確認

Amazonの検索エンジンに商品ページが登録されていることを「**インデックス**」といいます。ブランド名やASINで検索して自身の商品が出てくればきちんとインデックス化されていますが、出てこない場合は何かがエラーになっている状態です。

インデックス化されていない場合は確認して、必要な場合はテクニカルサポートにも問い合わせましょう。

オリジナル商品を販売するとき、Amazon検索エンジン上のSEO対策は、最重要施策の一つです。定期的にキーワードや商品情報を見直し、継続的に最適化を図って行きましょう。

▲狙っているキーワードで検索したら1P目に掲載されることが一旦の目標です

COLUMN
SEOはAmazon内の出店場所のようなもの

　Amazonマーケットプレイスには毎日多くのお客様が訪れるため、商品の販売や売上を立てやすい一方で、他の出店者がいるので必ずライバルがいるような状態です。

　実際の店舗に例えると、あなた独自のネットショップや自社のECサイトが路面店だとしたら、Amazonマーケットプレイスは駅前の商業施設のようなものになります。お客様も多い分、他の店舗も沢山あるために、その中でお客様の目を引いて行かないといけません。

　その目を引くために重要な要素の一つが「出店場所」です。出店場所が良ければ多くのお客様の目に留まりやすくなります。

　SEO対策をすることで、Amazonの検索エンジン上で上位にくることは、実店舗に例えると、より良い出店場所を確保しているようなものです。より多くの見込みのお客様に目に留めてもらうためにSEO対策はじっくりと取り組んで行きましょう。

SECTION
5-9　ストアや商品へのレビュー

Amazonマーケットプレイスのレビュー（評価）は、ストア（出品者）へのレビューと、商品へのレビューがあります。せどりにおいてはストアへのレビュー、オリジナル商品の販売にといては、両方大切になります。

ストア（出品者）へのレビュー

　Amazonの商品ごとの購入画面で、出品者一覧などを見ると販売元の横に表示される各ストアの箇所に表示されるスコアです。

　「評価のコメントが入った数」や、「過去12カ月の肯定的な**フィードバック**が入っているパーセンテージ」が表示されます。※肯定的なフィードバックは星4もしくは5を指します。ここの数字が多かったり、パーセンテージが良いとお客様に安心してもらいやすくなります。

　逆にこの箇所の数字が悪くなると、特に他の出品者がいる場合、選ばれづらくなったり、他に出品者がいなくても購入を控えられたりされることがあります。**レビュー**を良くするためにも、梱包を丁寧にする、発送や連絡があった場合の返信を早くするなどが基本になりますが、それでも悪い評価を付けられてしまうときがあります。

　そう言った場合、次のようなケースであれば、Amazonに申請すれば、レビューの削除が可能な場合もあります。

- 卑猥もしくは冒とく的な言葉を含むコメント
- 名前や電話番号等の個人情報が含まれるコメント
- 商品に関する内容のみのコメント
- Amazon出荷の場合の配送サービスに対するコメント

　Amazonに削除依頼を申請する場合は、セラーセントラルのメニューから［パフォーマンス］→［評価］より、［削除を依頼］を選択して申請しましょう。

　上記にあてはまらない場合や、Amazonの判断で削除にならないケースもあります。

そう言った場合は、原則はきちんと対応して、丁寧に悪いコメントに対して、対応経過を返信として入れましょう。購入を考えているお客様はその箇所を見れるのでお客様にとっては安心材料になります。

　返信を入れる場合は、セラーセントラルのメニューから［**パフォーマンス**］→［評価］より、［**公開の返信**］を選択して返信しましょう。

　また、対応次第でお客様の方で悪いレビューを削除してくれる場合もあるのですが、これには注意が必要です。

　評価を削除または変更するよう購入者に圧力をかけたり、見返りを提供したりする行為はポリシー違反になる、とAmazonは規約で定めています。レビューの削除を依頼などすると抵触する可能性が高くなるので、お客様側からのレビューの削除は、あくまで購入したお客様が自発的に希望した場合のみ対応することをオススメします。

商品へのレビュー

　Amazonの商品一覧や、商品ごとの購入画面の「**カスタマーレビュー**」の箇所に表示されるスコアです。

　「評価全体の件数」や「星1つ〜5つの評価数」が表示されます。ここの星の数が多いとお客様は良い商品だと判断しやすくなります。逆にここの数字が悪いとお客様は粗悪な商品と判断しがちです。
　良い評価を得られるように商品の品質や梱包にはこだわっていきましょう。

　また、悪いコメントをもらったときも、必ずしも悪いことばかりではありません。商品へのネガティブなコメントは、商品の改善ポイントを教えてくれることもあります。そういった場合は意見をうけとめて商品や梱包を改善して行きましょう。

　一方で、単なる悪口のようなフィードバックであるときもあります。そういったときはあまり気にし過ぎないことも大切です。やれることをやったらあまり気にしないようにしましょう。

　意見を出来るだけ客観的に受け止めて対応して行きましょう。

　また、商品レビューは原則的に削除することは非常に難しいですが、Amazonの商品レビューのポリシーはいくつかの事態を想定してルールや取り決めを定めています。

Amazonでは、レビュー投稿にも「購入者の**商品レビューポリシー**」としてルールがあり、嘘や不適切なレビューについては削除が可能な場合もあります。

　嘘や不適切なレビューだと判断できたときは、Amazonに相談や削除申請をしてみましょう。

削除申請は2通りの方法がある
●テクニカルサポート
　原則は**テクニカルサポート**に可能なら相談ベースで申請しましょう。テクニカルサポートへの連絡の際、「商品のレビュー」の項目を選択できます。

●商品ページ
　レビューのとなりの「**違反を報告する**」の文字をクリックすると、違反報告のボタンが表示されます。ポリシー違反に該当するようなレビューが投稿された場合は、違反報告のボタンをクリックしてAmazonに報告することができます。

　ただ、これは少し強めの対応になるので、出品者側に非があると判断されるような場合はマイナスにもなりかねません。明らかな違反以外は、まずはテクニカルサポートに相談してみることをオススメします。

　以上がストアや商品のレビューについての概要になります。せどりにおいてはストアへのレビュー、オリジナル商品の販売にといては、両方大切になってくるので、誠実な対応や商品製作を意識してお客様に価値を提供して行きましょう。

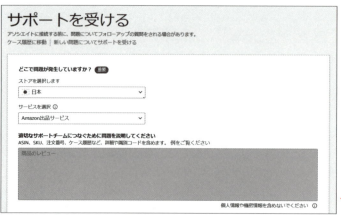

◀原則はテクニカルサポートにまずは相談してみましょう

SECTION
5-10 商品バリエーションの登録

Amazonマーケットプレイスでは、商品の色やサイズなど、バリエーションがある場合、バリエーションの選択できる販売ページを作成することができます。

バリエーションの選択ができる販売ページのメリット

商品個々の販売ページにもできますが、**バリエーション**の選択できる販売ページにした方がお客様の方は選択しやすく、またSEO上も検索の上位に来やすくなるので、商品バリエーションを登録することで、販売機会の拡大につなげて行くことができます。

オリジナル商品を販売していて商品にバリエーションがある場合は、バリエーションを設定して行きましょう。

商品バリエーションはAmazonの商品登録の単位である**ASINコード**に、親商品(parent)と子商品(child)の関係を設定することでおこないます。親商品(parent)はバリエーションのグループを代表するASINとなり、実際の在庫に紐付くのは子商品として設定された各バリエーションのASINとなります。

バリエーションを設定する方法

バリエーションを設定するには、新規に商品登録する際、「商品にはバリエーションがありますか?」という設定箇所があるので、そこに「はい」を選択して、サイズ、色やスタイルなど、属性とよばれる要素を設定して行きましょう。

この属性はカテゴリーごとによって変わってくるので、販売するカテゴリーごとのルールに合わせて行きます。

一度作ったバリエーションを解体して新たにバリエーションを組んだり、今ある別々の商品ページでバリエーションを組んだりすることもできます。

Amazon出品大学にバリエーションの組み方について案内がありますが、わからないときはテクニカルサポートも詳しく案内してくれるので、バリエーションを組んでいて

5

販売をスタートしたらやるべきこと

139

不明な点が出てきたときはテクニカルサポートに質問しながら進めてみましょう。

　バリエーションを組んだとしても、画像、在庫、価格、商品情報など子商品ごとに設定できるので、それぞれのバリエーションに合った最適な形にして行きましょう。

　商品にバリエーションを設定することは、お客様の満足度の向上と、販売機会の拡大の双方に影響を与えます。商品バリエーションを効果的に活用して、販売や売上を伸ばして行きましょう。

▲バリエーションを組むことで管理もしやすくなります

▲バリエーションの項目はカテゴリーによって変わってきます

SECTION 5-11 商品や在庫の一括登録

アマゾンマーケットプレイスで商品を出品する際や在庫の数を更新する場合、商品の品目が少ない場合は特に問題はないのですが、品目が多い場合は、一つ一つ、手動で商品を登録したり、FBAを利用していない場合の在庫を管理するのは非常に手間がかかります。

商品の一括登録機能とは

　商品一括登録を利用するためには、**大口出品者**であることと、CSVの編集が必要になってくるので、**スプレッドシート**や**エクセル**が使用できる環境が必要になります。この機能を活用することで効率的に商品を登録したり、在庫を管理したりすることができます。

　商品の一括登録機能のやり方は、次の通りになります。

① シートのテンプレートをダウンロード

セラーセントラルのメニューより、[カタログ] → [アップロードによる一括商品登録] と進みます。

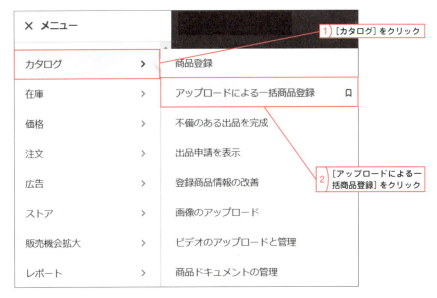

② 必要なスプレッドシートをダウンロードし必要な情報を入力

「スプレッドシートをダウンロード」のタブに表示される画面から、必要なスプレッドシートをダウンロードします。

③ 情報入力したスプレッドシートをアップロード

必要な情報を入力したら、スプレッドシートをアップロードします。

アップロードが完了したら、正常にアップロードできたのか確認しておきましょう。

「スプレッドシートのアップロードステータス」タブをクリックして、アップロードできたかどうか、セラーセントラルのメニューの［在庫］→［**全在庫の管理**］と進んで、情報の更新を確認できます。

「商品の一括登録機能」を活用することで、商品の品目が多い場合も効率的に商品情報を更新することができます。扱う商品が多い場合は上手に活用して行きましょう。

SECTION 5-12 パフォーマンスの指標のチェック

Amazonは、出店者のパフォーマンスを常に評価しています。出品者のパフォーマンスは数値化されていて、パフォーマンスの各指標の数字やスコアで確認することができます。

パフォーマンススコアの見方

　この出店者としてのパフォーマンスのスコアが悪化すると、**出品停止**や**アカウント停止**、場合によっては**アカウント削除**になってしまうので、良い数字を保っておく必要があります。各指標を定期的にチェックすることが非常に重要です。

●パフォーマンスの指標の表示方法

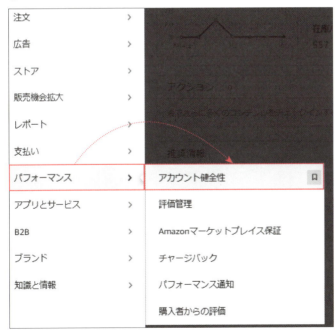

　パフォーマンスの指標は、［パフォーマンス］→［**アカウント健全性**］と進み、［アカウント健全性ダッシュボード］で各指標のスコアを確認できます。

　アカウント健全性ダッシュボードでは大きく「カスタマーサービスのパフォーマンス」「規約の遵守」「出荷パフォーマンス」の3つのカテゴリーと、ニュースやコンプライアンスの管理など他の要素があります。前者の3つのカテゴリーの指標や数値が重要になるのでこちらを定期的にチェックして行きましょう。

カスタマーサービスのパフォーマンス

　注文の不良率に関する指標と数値が掲載されています。注文の不良率の目標値は1％以下を求められ、次の3つの指標から計算されます。
①**マイナスの評価**…評価3以下
②Amazonマーケットプレイス**保証申請**…商品が届かない場合や返品した場合に購入者が出品者に返金を求められる保証制度
③**チャージバック申請**…身に覚えのない購入などで、購入者がクレジットカード会社に異議を申し立てられる制度

規約の遵守

　次の項目が件数ベースで計上され、相対評価で「健全」（緑）の状態を保つことを目標とされています。

●規約やコンプライアンス関連
　①知的財産権侵害の疑い
　②食品および商品の安全性に関する問題
　③規約違反の出品
　④制限対象商品に関する規約違反
　⑤購入者の商品レビューポリシー違反
　⑥その他の規約違反の問題

●お客様等からの苦情関連
①知的財産に関する苦情
②商品の信頼性に関するお客様からの苦情
③商品のコンディションに関する苦情

出荷パフォーマンス

次の項目でそれぞれ目標値以内を保つことを目標とされています。
①出荷遅延率　目標値：4%未満
②出荷前キャンセル率　目標値：2.5%未満
③追跡可能率　目標値：95%超

　上記の指標について、目標値の範囲内でおさまらないような場合や、相対的な評価から「危険」(赤の状態)になるような場合、警告の通知が来たりします。

　ほとんどの場合は、一旦警告が来て、改善されない場合、アカウント停止状態に移行しますが、場合によってはすぐにアカウント停止状態になります。

　数値が悪化した場合、すぐにテクニカルサポートに相談の連絡をすることをオススメします。指標によっては件数の母数が少なすぎて、誠実に対応しているにも関わらず、数値が悪化してしまっているケースもあります。そう言ったときは相談や状況を説明しておきましょう。

　上記のようにいたしかたないケースはあるのですが、**マイナスポイント**がなければ、商品の売上数が増えれば増えるほど、全体スコアは自然に良くなって行きます。数値を悪化させないことに気を付けて販売を続けましょう。

◀出荷パフォーマンスは他に比べて悪化しやすいので特に気を付けましょう

SECTION
5-13 Amazon ブランド登録

もしあなたやあなたの会社が「商標」を持っていたり、今後商標を取ることを考えられていたら、Amazon ブランド登録をして行きましょう。

Amazon ブランドで登録するとは

Amazon でブランドを登録することで、商品ページであなたやあなたの会社が許可していない限りは、他の出品者が出品することなく、あなたが唯一の出品者として販売できるようにできるなど、ブランド保護と販売促進のためのさまざまな機能が利用可能になります。

また、**ブランド登録**することで、ライバルや競合に比べてわかりやすく差別化して行くことができます。

Amazon ブランド登録とは、Amazon Brand Registry とよばれる **Amazon のブランド管理機能**に自身のもつ商標をブランドとして登録することを指します。

Amazon ブランド登録の要件、手順、メリットなどは次の通りです。

●ブランド登録の要件

ブランド登録をおこなうには、要件を満たす必要があります。まず、ブランドが**商標登録**されていることが必須です。また、ブランドロゴや商標証明書、ブランドロゴを使用した商品の画像などの提出が求められることもあります。

●ブランド登録の手順

Amazon ブランドレジストリー（Amazon Brand Registry）のサイトからブランド登録を申請します。

https://brandservices.amazon.co.jp/brandregistry

ブランド登録申請の際は、申請者の情報の他、商標登録番号、ブランド名、必要に応じてブランドロゴや商標証明書、ブランドロゴを使用した商品の画像などを提出します。

Amazonの**ブランド審査**の部門による審査が行われ、承認されるとブランド登録が完了します。審査には時間がかかる場合や追加の書類や情報を求められることがあるので、適宜対応して行きましょう。

　ブランドレジストリーに登録できると、次のような管理画面にログインできるようになります。※セラーセントラルとは違う管理画面になります。

▲Amazon Brand Registry

ブランド登録のメリット

ブランド登録をおこなうことで、以下のようなメリットがあります。

①商品ページにブランド名やロゴが表示できる
②模倣品や偽造品の報告と削除がスムーズにできる
③スポンサーブランド広告が使えるようになる
④ブランドストーリーを追加できるようになる
⑤ストアページを開設し商品ラインナップを紹介できる
⑥ブランド分析機能が活用できる
⑦お客様に安心感を与えられる

など、機能面でも販売面でも大きなメリットがあります。

　一方で、Amazonブランド登録することで発生するデメリットはほとんどありません。もしあなたやあなたの会社が「商標」を持っていたり、今後商標を取ることを考えられていたら、Amazonブランド登録をして行きましょう。

SECTION 5-14 ストアページの作成

前のセクションでお伝えした「Amazonブランド登録」をおこなうことで、自身のストアページを作成することができます。

ストアページのメリット

お客様から見ると、販売ページでストア名をクリックすることで、ブランドの**ストアページ**に進むことができます。販売ページに比べて大きなアクセスがあるわけではありませんが、ブランドや商品に深く興味を持ったお客様がページには訪れることが多いので、売上を積み上げることができます。

① ストアページを作成する

セラーセントラルのメニューから、[ストア] → [Amazonストア] と進みます。

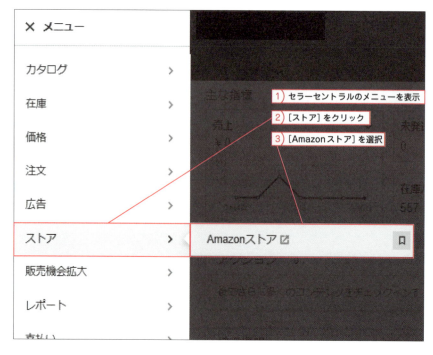

② ストアビルダーで作成する

「ストアを作成」ボタンを押すと、「ストアビルダー」に進めるので、そこでストアページを作成して行きましょう。

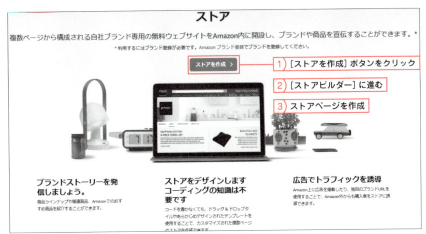

ストアページはA+と同様に、所定のブロックを組み合わせることで作成して行きます。

ストアページのオススメの掲載内容

●商品ラインナップ

ストアページでは詳しく商品を紹介できるので、**商品ラインナップ**を整理してお客様に伝えると効果的です。

●商品の組立や使い方などの動画

ストアページでは動画が掲載できるので、販売ページで掲載しきれない、商品の組立動画や使い方に関する動画などの**動画コンテンツ**の掲載がオススメです。

●ブランドの紹介

A+の**ブランドストーリー**でブランドの概要を伝えられますが、ストアページでは更に詳細をつくり込めるので、ブランドの価値観や世界観などを紹介して行きましょう。お客様はブランドや商品への理解が深まり、購入につながりやすくなります。

魅力的なストアページは、短期的に大きな売上につながりにくいかもしれませんが、長期的なファンの獲得や、ブランドのイメージアップにつながりやすくなります。継続的な改善と合わせて、ブランドの価値観や世界観を伝えるページをつくって行きましょう。

SECTION 5-15 レビュー対策 （Amazon Vine）

Amazonマーケットプレイス上での販売で、最も大切なポイントの一つがお客様からの「レビュー」になります。ストアへのレビューは販売を重ねることで増えて行きますが、オリジナル商品を販売する際に重要になる「商品へのレビュー」は数が増えにくい箇所です。

レビュー対策の基礎知識

　Amazonは商品へのレビューの操作、特に金銭的な報酬を伴ったものを、規約で禁止しています。たまにSNSで自身のAmazonマーケットプレイスへの出品商品へのレビューを依頼しているケースを見ますが、規約違反なので注意しましょう。

　それでは購入を後押しするのに重要な箇所であるにも関わらず、数の増えにくい商品へのレビューはどのようにすれば増やしやすいでしょうか。

　そこでAmazonは「**Amazon Vine**」というサービスを提供しています。Amazon Vineでは、Amazonが選択したレビュアーに商品を提供し、最大30件までのレビューを書いてもらいます。レビュアーは無料で商品を受け取り、率直なレビューを投稿します。

Amazon Vineのメリット

●メリット

Amazon Vineを活用することで、以下のようなメリットがあります。
①新商品や認知度の低い商品のレビューを増やせる
②商品の改善点や顧客ニーズを把握できる
③レビューが増えることでユニットセッション率（成約率）が上がりやすくなる

●対象商品の条件

Amazon Vineの対象となる商品は、以下の条件を満たす必要があります。
①新商品または販売開始から90日以内の商品
②Amazon FBAで販売・発送される新品
③十分な在庫数が確保されている商品
④一定の価格帯の商品（カテゴリーによって異なる）

5 販売をスタートしたらやるべきこと

Amazon Vineへの参加方法

セラーセントラルのメニューから [広告] → [Amazon Vine] と進みます。

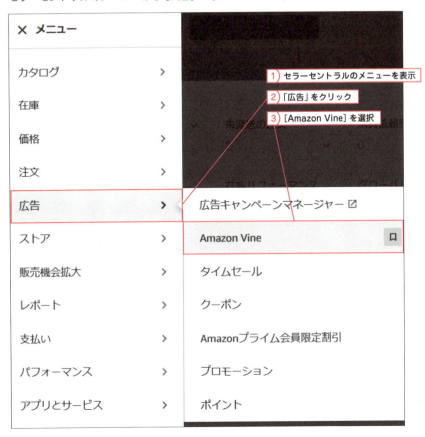

ページに進んだら、対象商品、数量などの情報を入力して、申請をおこないます。申請には数によって0円から22000円までの料金がかかります（2024年6月現在）。

Amazonによる審査が実施され、承認されれば、**レビュアー**へ商品提供が開始されます。レビュアーに商品が届くと、レビュアーが商品へのレビューを投稿していきます。

★★★★★ 丁度よい大きさ。軽い。
2023年4月12日に日本でレビュー済み
色: イエローグリーン　**Vine先取りプログラムメンバーのカスタマーレビュー**（詳細）

Amazon Vineのレビュアーの投稿には前述のような表記が付きます。

　レビューが開始されてきたら、**レビュー内容**も確認してみましょう。肯定的なレビューだとうれしいものですが、否定的なレビューをもらったときも、できるだけ客観的に受け止めていきましょう。否定的なレビューには商品の改善点を教えてくれるものも多く、商品の改善に役立てて行くことができます。

　Amazon Vineを活用することで新しく販売する商品のレビューの数を増やしやすくできるので、初期のころの売上を増やしやすくなります。また通常のお客様からのレビューももちろん重要であることは言うまでもありません。レビューの内容を参考に商品力の強化にもつなげて行きましょう。

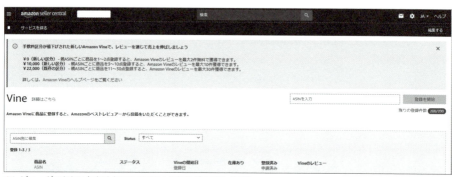

▲レビューがつかないときはAmazon Vineの活用がオススメです

COLUMN

何よりもお客様の評価は重要なポイント

　Amazonマーケットプレイスに限らず、ECサイトやネットショップの販売において、お客様の評価やレビューが果たす役割は非常に重要です。オンラインショッピングでは、お客様は実際に商品を手に取ることができないため、購入の判断材料として他の消費者の声は大きな影響力を持ちます。

　高評価やポジティブなレビューは、商品の品質や信頼性を裏付け、顧客の獲得につながります。一方、低評価や批判的なコメントは、お客様の購入にはマイナスですが、長い目で見ると潜在的な問題点を浮き彫りにし、改善の機会を提供してくれます。

　また、レビュー数自体も重要です。多くのレビューが付いている商品は、注目度が高く、購入を検討しているお客様の信頼を得やすくなります。お客様の評価やレビューは、Amazonマーケットプレイスで成功していくために重要なポイントの一つなので、良い評価やレビューがもらえるように、腰を据えて取り組んで行きましょう。

SECTION
5-16 黒字にするための3つのコツ

Amazonマーケットプレイスで販売を開始して、続けていくためには、事業を黒字化することが必須です。いくら売上が増えても利益が残らなければ事業を継続して行くことができません。

黒字化のための3つのポイント

　黒字化のためにはやれることは様々ありますが、特に黒字化するためのコツとして次の3つが重要です。

●記録を付ける

　当たり前の話になるので、わかっているよ、と言う方はスルーしていただければと思いますが、まず黒字化のために必要なことは「記録を付けること」になります。シンプルですが、記録を付けることは、とても効果的です。

　効果的な理由は、客観的な情報から現在の状態を正確に把握できるので、理にかなった必要な打ち手が打てるからです。

　分野は違いますがダイエットなどでも「レコーディングダイエット」という方法があります。単純に食べたものを記録して行くだけの方法ですが、非常に効果があると言われています。

　事業でもまず記録を付けてみましょう。記録を付けることで必要なアクションが見えてきます。

●無駄なコストを使わない

　その上で、次に黒字化のために必要なコツは「コストを下げる」になります。

　1,000円利益を上げるより、1,000円使っているお金を少なくする方が圧倒的に楽です。

　せどりの場合でも、オリジナル商品の場合であっても、高い価格で売れる商品であっ

5

販売をスタートしたらやるべきこと

153

ても、仕入価格や製作費が高い商品であれば、利益を圧迫します。

できるだけコスト、特に毎月かかるような固定の費用を下げて行きましょう。

●在庫管理を徹底する

黒字化のためのコツで最大のものが「在庫管理を徹底する」ことになります。**在庫管理**はとても簡単でシンプルですが、在庫管理を最適化できると売上に大きく良い影響を与えます。

どんなに良い売れる商品を販売していても、在庫切れを起こしてしまえば、売上はゼロになります。一方で売れにくい商品の在庫を持ち過ぎてしまえば、資金の回転率も悪くなり、売上も利益も伸びて行きにくくなります。

まず在庫の管理を徹底して行きましょう。

黒字化のためには様々な要素や施策がありますが、特に重要な点は上記の3つになります。Amazonマーケットプレイスの出店以外でも適用できるので意識してみてください。

▲売れ筋商品の在庫切れに注意しましょう

CHAPTER 6

誰も教えてくれなかった！
売上が上がらないときの対処法

SECTION 6-1 思っていたのと違う現実にぶつかったらやるべきこと

人生の中で、思い描いていた理想と現実のギャップに直面することは珍しくありません。これはAmazonマーケットプレイスの出店についても同様です。もちろん、上手くスタートできるときもありますが、ずっと順風満帆に行くなんてケースはそうそうありません。

大切なのは壁にぶつかったときの対処法

思ったように行かなかったとき、私たちはどのように対処すべきでしょうか。ここでは、思っていたのと違う現実にぶつかったときにやるべきことを考えてみましょう。

●現実を受け止める

まず大切なのは、現実をありのままに受け止めることです。期待と**現実のギャップ**に気付いたとき、失望や怒り、悲しみなどのネガティブな感情に襲われるかもしれません。しかし、できるだけ現実をジャッジせず冷静に見ることが大切です。現実から目を背けても状況は変わりません。現実を直視し、「これが今の状況である」と認めることが前進への第一歩です。

●原因を分析する

現実が期待と違っていた原因を分析しましょう。自分の認識や期待が非現実的だったのか、努力が足りなかったのか、環境に問題があったのかなど、様々な角度から原因を探ります。自分の責任と自分ではコントロールできない要因を切り分けることが重要です。原因を特定することで、今後の対策を立てやすくなります。

●目標や計画を見直す

現実を客観的に見て、原因を分析したら、目標や計画を見直す必要があります。当初の目標が非現実的だったり、環境に合わなくなったりしている可能性があります。目標を現実に即したものに修正し、達成するための行動の内容と量を明確にして、新しい計画を立てましょう。状況に応じて柔軟に計画を変更できる適応力も長く商売を続けて行く上でとても大切です。

●やれる改善や打ち手を実施する

修正した目標や計画を実現するための具体的な行動を起こしましょう。現状は適切な

6 誰も教えてくれなかった！売上が上がらないときの対処法

行動を続けて行かないと変化しません。小さなことからでも構いません。行動して見直して再度行動する。一歩ずつ前進して行くことで、状況は少しずつ改善されて行くでしょう。また、行動を起こすことで、自信と**モチベーション**も高まります。

●支援を求める

今の環境やリソースだけで、課題を解決しようとしていること自体が難しいこともあります。そんなときは、周囲の人に支援を求めましょう。Amazonに強いECコンサルタントや専門家に相談をすることも有効な手段です。支援やサポートを受けることで、課題への対応策や具体的な次の**アクション**が見えてきます。

●失敗から学ぶ

現実と期待の違いに直面したとき、失望してしまいがちですが、例え失敗しても、そこから学ぶことは多いはずです。失敗から教訓を得て、次の行動に活かして行きましょう。失敗を恐れず、成長の機会と捉えることが重要です。

●ポジティブな姿勢を保つ

困難な状況に直面したとき、ポジティブな姿勢を保つことは難しいことではありますが、ネガティブな感情に支配されていては、建設的な行動は取れません。困難な状況でも、成長、幸せや感謝の気付きや種を見つけることを心がけましょう。ポジティブな姿勢を保つことで、粘り強く問題に立ち向かって行くことができます。

思っていたのとは違う現実にぶつかることは、誰にでも起こり得ることです。大切なのは、現実から目を背けずに、現状を受け止め、原因を分析して、行動を起こして行くことです。

そんなとき焦る必要はありません。自身が成長している途中なのだと、捉えてやれることを一つずつやって行きましょう。粘り強く取り組むことで、状況は必ず好転していきます。

◀壁にぶつかっていることは成長している証拠です。やれることを一つずつ試して行きましょう

SECTION 6-2 上手くいっているライバルや競合商品を見てみよう

Amazonマーケットプレイスの販売において、ライバルや競合商品をチェックすることは自身の販売に非常に参考になります。せどりの場合は上手に出品しているライバルを調べることや、オリジナル商品の場合は競合商品を調べてみることで、沢山のヒントを得ることができます。

ライバルをチェックする場合

ライバルのチェックは主にせどりの場合に有効です。仕入商品候補探しのリサーチの際や自身が出品している商品の他の出品者をチェックしてみましょう。

◀他の出品者は、Amazonの購入画面の商品の販売ページの下にある［他の出品者］の箇所でチェックすることができます

参考にできそうな出品者を探すコツは自分より少しストアの評価の数が大目の出品者を中心にチェックして行くことです。例えば自身のストアの評価の数が10ぐらいだとしたら、100〜300ぐらいの出品者、自分が300ぐらいだとしたら500〜1000ぐらいの出品者、と言ったように少し自身より先に進んでいる出店者に、自分が参考になりそうな出品者が見つかりやすいです。

参考になりそうな出品者を見つけたら、その出品者が出品している商品を見て行きましょう。自分が扱えそうな商品や仕入れのヒントになるような商品がきっと見つかるはずです。

こう言った参考になりそうな出品者を最低10人以上はピックアップしておきましょう。このようにベンチマークとなる出品者を**リストアップ**しておくと、仕入れに困ることが減ってくるはずです。

競合商品をチェックする場合

オリジナル商品を販売する際は、競合商品のチェックは必ずおこないましょう。

競合商品で売れている商品は自身が扱っている商品の一般名称を入れることで簡単にチェックできます。

例えばストレッチポールを販売している、もしくは販売したいような場合は、「ストレッチポール」とAmazonの購入画面の検索窓に打ち込みます。

そうするとストレッチポールの人気のある商品がズラッと出てきます。「スポンサー」と表示されている商品は広告がかけられている商品なので、その次以降にある商品が売れている商品なので、それらの商品をチェックして行きましょう。

星の横にある数字は**商品レビュー**の数なので、この数が多い商品ほど売れている商品である確率が高いです。また星の下に「過去1か月で〇〇点以上購入されました」と表示が出るときがあるので、その場合売れている数が予測しやすくなります。

競合商品のページでチェックするポイントとは

　自身が参考になりそうな競合商品をいくつかピックアップして、次のようなポイントをチェックして行きましょう。

●競合商品のレビューの箇所

　競合商品のお客様のレビューを見てみましょう。どういった点が評価されていて、どういった点が評価されていないのか。自身の商品の参考になるはずです。

●商品タイトル、箇条書き部分、A＋の箇所

　商品タイトル、箇条書き部分、A＋の部分をチェックしてみましょう。文字数やどういった表現を使っているか、特にどんな**セールスポイント**を訴求しているか見てみましょう。競合商品がやっていないセールスポイントが訴求できればそれがあなたの商品の差別化のポイントになります。

●価格設定の箇所

　競合商品の価格設定はチェックしておきましょう。競合商品の値段を知ることで、商品価格の相場を把握できます。商品価格の相場より高い値段を付けたければ、他の商品が提供していない価値がないといけませんし、提供している価値に比べて値段が安ければ商品は売れやすくなります。

　基本の競合商品のチェックするべき点は上記3つになりますが、余裕があればセール時などの競合商品のプロモーション施策も観察してみましょう。どのセールに参加しているか、どれぐらいの割引価格にしているか。売れている競合商品の手法をチェックすることで、自身の実際に使える施策の参考になります。

　以上、ライバルをチェックするケースと、競合商品をチェックするケースを見てきましたがいかがでしたでしょうか。成功しているライバルや商品はそれこそ出店や出品の優れたお手本と言えます。

　成功するために成功のイメージを持つことは大事ですし、成功しているライバルや商品の情報を持つことで、自身の選択できる引き出しも増えます。時間を割く価値は大いにあるので、上手くいっているライバルや競合商品はぜひチェックしてみましょう。

SECTION
6-3 挫折しないためには
正しい考え方や決意も必要

Amazonマーケットプレイスの出店に限らず、ビジネスや商売をおこなう上で、思うような結果が得られないことは、誰しもが経験します。そう言った壁を乗り越えるためには行動の内容や量が鍵を握っていますが、それらは土台となる考え方や決意にも大きく左右されます。

途中で挫折しないコツ

このセクションでは、挫折しないための正しい考え方や決意について考えてみましょう。

●やり切ると決意して言葉にする

やりたい、という言葉遣いをしているうちは、実現する可能性は低くなります。やる！と決めてそれを言葉にもして行きましょう。

●ずっと失敗し続けるのは逆に難しいと知る

ずっと成功し続けている人が稀なように、ずっと失敗し続けることも逆にとても難しいことです。続けているうちに上手く行くことが出てくるので、肩の力が入り過ぎないようにしましょう。

●ネガティブな感情を抱いているときは成長中のサイン

失敗や挫折をしたとき、やるせなさや失望感といったネガティブな感情を抱くことは誰しもあることです。そういったときは、自身が成長をしているときのサインでもあります。失敗は成長のチャンスだと捉えて、次の行動に活かすことで、着実にスキルアップできるはずです。

●課題は分解して見直してみる

目標達成に向けて思ったような成果が出ないとき、課題やプロセスを更に分解して具体的な点を見直してみることが大切です。また売上は次の式で構成されています。

売上＝集客数 x 成約率 x 単価

売上が上がらないときは「**集客数**」「**成約率**」「**単価**」のどこかに課題があるときです。

6

誰も教えてくれなかった！売上が上がらないときの対処法

課題は小さく分けてみると一つ一つは難しくないことが多いので、迷ったときは感じている問題を分解してみましょう。

●サポートを求める

　一人で問題を抱え込まず、周囲のサポートを求めることは大切です。周囲に上手く行っている人がいたら相談してみる、また周囲に上手くいっている人がいなければ、上手く行っている人たちの集まりなどに参加してみることは重要です。専門家の支援を受けることも有効です。

●柔軟性を持つ

　商売をしていると、当初の計画通りに行かないことも多いです。一つのやり方にこだわらず、状況の変化に応じて、柔軟に対応して行きましょう。固定観念に捉われず、臨機応変に対応することが挫折を防ぎます。

●小さな成功を見つけて積み重ねる

　課題を分解して見ることにつながりますが、いきなり上手く行くことももちろんありえますが、一気に大きな目標を達成するのは通常は非常に難しいです。目標を小さなステップに分けて上手く行った部分を見つけてその部分に力を入れて取り組んでいきましょう。目標を小さなステップに分け、一つずつクリアしていく方が、モチベーションを維持しやすくもなります。

●長期的な視点を持つ

　短期的な結果に捉われず、**長期的な視点**を持つことも重要です。目標達成には時間がかかることがほとんどです。一時的な挫折に過度に落ち込まず、長期的な視点から状況を捉えましょう。着実に努力を重ね、長期的な成功を目指すことが大切です。

　ビジネスや商売をおこなっていると、期待していたような結果が得られないことは、誰しもが経験します。そう言ったときは焦らず上記のような点を意識して大きな視点で考えて、行動は小さな目標にして取り組んで行くことが、壁を乗り越えるためのコツになります。

　焦らず深呼吸して上記の点をもう一度見直して考えてみましょう。

SECTION
6-4

コントロールできるところに集中する

前のセクションでお伝えしたように、Amazonマーケットプレイスに限らず、商売やビジネスでさまざまな課題や壁にぶつかることは珍しいことではありません。そんなとき行動、考え方や決意と合わせて壁を突破するために大事なことが、自身が「コントロールできるところに集中」することです。

壁を突破するコツは自分でできることに集中すること

　Amazonのルールや決まり、ライバルや競合商品、市場の状況、自身のまわりの状況など、Amazonマーケットプレイス出店で自分にはコントロールできない部分は多々あります。また、課題や壁にぶつかったときに、全ての課題を同時に解決しようとすると、焦点が散漫になり、効果的な対策を打つことが難しくなります。

　そんなときはまず、自身がコントロールできる、効果的に成果に直結すると考えられる部分に集中することです。

　筆者自身やクライアント様のケースを振り返ってみても、思うような成果が上がらないときは、ほとんどの場合「やるべきこと」を「やり切っていない」ことがほとんどです。

　これはやる気がないから、とかではなく、やるべきことの優先順位があいまいで、やらなくて良いことをやってしまっていたり、やらないといけないとわかっていながら、他のことに振りまわされて必要な行動量をやり切っていないことが多いです。

　会社組織などではKPI（Key Performance Indicator）という指標で設定されていることも多いですが、思ったような成果が上がらないときは、成果に直結する自身がコントロールできる行動を明確にして、そこに集中してみましょう。

自分でコントールすべきポイントとは
●自分のできること、優先順位を明確にする

　まず、その課題に対して自分のできること、優先順位を明確にしましょう。またそれを具体的なアクション、行動内容のレベルまで落とし込みます。自分がコントロールできる範囲を見定め、そこに集中的に取り組むことが効果的です。

6

誰も教えてくれなかった！売上が上がらないときの対処法

●目標や行動内容は具体化な数値にする

漠然とした目標では、行動に移しにくくなります。ふわっとした目標では、ふわっとした結果しか生まれません。目標を具体的に数値や期限で設定して、そのために必要な具体的な行動やアクションも具体的な数値にして、内容を明確にしましょう。

●アクションプランをつくり実行する

目標やそれを実現するための行動内容や量を決めたら、期限を区切って具体的な**アクションプラン**にして行きましょう。スケジュールやそのために必要なことを明確にして着実に実行して行きましょう。

●PDCAサイクルを回す

アクションプランを実行に移したら定期的に進捗を確認し、必要な修正を加えて行きましょう。Plan（計画）、Do（実行）、Check（測定・評価）、Act（対策・改善）と、自分がコントロールできる部分に集中して行動し、PDCAサイクルを回すことで、継続的な改善を図り、成長して行くことができます。

Amazonマーケットプレイスの出店で思ったような成果が上がらないときは、自分がコントロールできないところにこだわっていないか、まず見直してみましょう。自分がコントロールできる部分で、成果に直結するための行動内容や量が増えることで成果につながりやすくなります。

▲客観的な数字をもとに具体的で数値化したアクションプランをつくりましょう

SECTION
6-5 価格帯を見直す

Amazonマーケットプレイスの出品で、価格設定は売上と利益に直結する重要な要素になります。よって、価格設定のための準備や戦略などは、事前にしっかりと決めておくことをおすすめします。

価格設定は競合のもっとも安いところに合わせる

せどりの場合は、著しく相場より低い価格でない限りは、価格はもっとも安いところに合わせる、が基本になります。せどりの場合は他の出品者と同じ販売ページに出品する形なので、商品部分では差別化できません。

原則は最も安い価格で早めに販売して、仕入れから販売までの回転率を上げていくことを重視して行きましょう。

オリジナル商品の販売の場合は、競合商品やその**カテゴリーの相場**、商品の提供している価値と値段のバランスを考えながら商品価格を決めて行きましょう。

特に商品の提供している価値と値段についてはじっくり考えることが大切です。商品が売れるときは、お客様がその商品の価値が、値段より上であると感じたときです。特にAmazonに限らず、実店舗に比べて商品を手に取ることができないインターネットやオンライン上の販売は、お客様に、商品が持っている価値をしっかり伝えていくことで、お客様ははじめて商品の価値を感じます。

例えば見た目はまったく同じ電気スタンドがあったとし、「グッドデザイン賞を取ったスタンド」と書かれたものと、ただ「電気スタンド」と書かれたものが、販売されていたらどうでしょうか。ほとんどの方が前者の「グッドデザイン賞を取ったスタンド」に価値を感じるのではないでしょうか。

実店舗の場合はあえて言わなくて価値を感じてもらえることもありますが、オンラインの販売で価値を伝えないのなら価値はゼロであると一緒です。

販売している商品の価値を整理して販売ページに入れると共に、価格を決定して行きましょう。

商品の付加価値は必ず掲載する

　Amazonマーケットプレイスの**販売ページ**で伝えやすい価値には、商品の利点、ベネフィット、**開発ストーリー**、製作のこだわりや工数、専門性、耐久度や継続性などがあります。

　オリジナル商品の販売では、安売りし過ぎて利益が出ていない、というケースも珍しくありません。競合商品の価格やカテゴリーの相場を知っておくことは大事ですが、安易な安売りに走らずに差別化と合わせて、価値をしっかり伝えて、価格を設定しましょう。

　Amazonマーケットプレイスの出品で、価格設定は売上と利益に直結します。一概に値段を安くしたり、高くすれば売れる、と言ったようなものではありません。ご自身の状況に合わせて適切な価格設定をして行くようにしましょう。

▲販売ページでは商品の価値をしっかり訴求して行きましょう

SECTION 6-6 広告を見直してみよう

Amazonマーケットプレイスの販売で、特にオリジナル商品の販売をおこなうとき、広告は売上や認知向上を大きく伸ばすことができます。ただ、漠然と広告出稿しているだけでは効果を最大化することは難しいです。他のことと同様に、アクションを起こしてみたら、結果をしっかり見て分析する、そして改善をして行くことが重要です。

広告の目的は必ず明確にしておく

　大前提として、広告の目的をハッキリさせておきましょう。ほとんどの方が広告の目的は「売上向上」だと思いますが、広告の目的が「**売上向上**」なのか「**認知度向上**」なのかによって、広告のかけかたも変わってきます。

　目的を明確にすることで効果測定もしやすくなります。広告の効果検証は細かくやっていくと非常に奥深い仕事になりますが、ここでは広告の目的は「売上向上」だとして、かんたんな見直しの基本のチェックポイントを見て行きましょう。

① 広告の指標を調べる

セラーセントラルのメニューから [広告] → [広告キャンペーンマネージャー] と進みます。

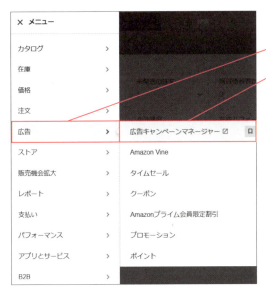

1) セラーセントラルのメニューを表示
2) [広告] を選択
3) [広告キャンペーンマネージャー] をクリック

② 指標が表示される

広告のキャンペーンマネージャーの画面に進むので、調べたい期間を選んだら、キャンペーンごとの次の指標を中心にチェックしてみましょう。

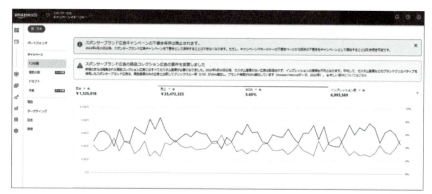

③ 指標が表示されないとき

指標が表示されないときは、「列」のところから表示させることができます。

①[列]クリック

主な各指標のチェック

●**インプレッション**

その**広告キャンペーン**の表示回数です。前の期間に比べて増えたか、減ったかで、その広告自体の露出をチェックすることができます。

●**クリック数**

その広告キャンペーンがクリックされた数です。クリック数が多いキャンペーンほど、見込みのお客様を集められていると言うことになります。

●**クリック単価（CPC）**

その広告キャンペーンが1**クリック**あたり、かかっている広告費になります。単価をできるだけ下げることができれば、広告の費用対効果が良くなっていきます。

●**注文**

注文数になります。広告キャンペーンの画面には表示されませんが、注文数をクリック数で割ることで成約率を知ることもできます。

運用全体の指標のチェック

●ACOS（Advertising Cost of Sale）

日本語では「広告費売上高比率」と言い、「広告費 ÷ 広告経由の売上 x 100%」で表示されます。

事業者や予算、状況によって異なりますが、全売上の**ACOS**が5%〜20%が適正値の目安になることが多いです。自身の場合の目標値を決めて運用してみましょう。

●ROAS（Return on Advertising Spend）

日本語では「広告の費用対効果」と言い、「広告経由の売上 ÷ 広告費」で表示されます。これに100%かけて計算する表示方法もありますが、Amazonの場合はパーセンテージなしの前者の表示になります。

こちらも事業者や予算、状況によって異なりますが、**ROAS**で3〜10が適正値の目安になることが多いので、自身の場合の目標値を定めて運用してみましょう。

上記がまずチェックするべき基本の指標になります。その上で次の点を中心に必要な見直しや改善を図って行きましょう。

●入札額

まず改善候補に上げた方が良いのが、**入札額**です。入札額を見直すことで、クリック単価を抑えて行くことができます。ただ、入札額を絞り過ぎると、広告のインプレッションやクリック数も減ってしますので、適正なところを探って行きましょう。

●キーワード、商品やカテゴリーの選定

広告の対象となるキーワード、商品やカテゴリーを見直してみましょう。広告の費用対効果の高いキーワードを見つけたらそこを強化して行きましょう。

●1日の予算額を修正する

広告の費用対効果の高い広告キャンペーンについては、1日の予算額が適正かどうかチェックして、適宜修正して行きましょう。

以上、かんたんな広告出稿の見直しポイントと改善方法になります。また競合商品やベンチマークにしている商品の広告の出し方を見てみるのも非常に参考になります。

オリジナル商品を販売するとき、売上を伸ばすために広告出稿は必須になります。はじめは少し難しく感じるかもしれませんが、ゆっくり慣れていき、最適化を図って行きましょう。

6

誰も教えてくれなかった！売上が上がらないときの対処法

SECTION 6-7 販促やプロモーションを見直してみよう

広告と合わせて、販促やプロモーションについても見直してみましょう。

Amazon広告以外の検証について

Amazonの広告以外の販促やプロモーションには前述のように次のようなものがあります。

- セール
- プロモーション
- 割引
- クーポン
- ポイントアップ

基本の検証方法は、「期間はいつからいつまで」「費用がいくらかかったか」「売上がその期間内どうなったか」になります。

費用が少なく売上が増加すれば効果が高かったことになりますし、費用がかかった割りに売上が上昇しない場合は効果が低かったことになります。

一般的に効果が出やすいのは「**セール**」や「**プロモーション**」になりますが、商品や時期によっても異なってくるので、自身の商品に合わせて色々試してみましょう。

またプロモーションの施策は、例えばセール時に、**ポイントアップ**もプラスする、と言ったように組み合わせることも可能です。

効果検証は1回の施策実施で判断するのは、少し早計かもしれないので、2〜3回実施して見て効果を検証、継続するかどうかを判断して行きましょう。効果の高いプロモーションは継続・拡大し、効果の低いものは改善や中止を検討して行きましょう。

計画とスケジュールを立てて、効果の高いプロモーションを実行して行くことが大切です。

SECTION 6-8 販売ページを改善する

前章でもお伝えしたように、Amazonマーケットプレイスの出店において、成約率に直結する商品の販売ページは非常に重要な役割を果たします。オリジナル商品を販売する場合の、販売ページの最適化の方法は前述しましたが、ここでは販売時の販売ページの成約率のチェックや見直しのポイントについてお伝えします。

各販売ページの訪問数について

まずそれぞれの販売ページにお客様がどれぐらい訪問されて、どれぐらいのお客様が商品を購入しているか、チェックして見ましょう。

① ビジネスレポートを選択する

セラーセントラルのメニューから［レポート］→［ビジネスレポート］と進みます。

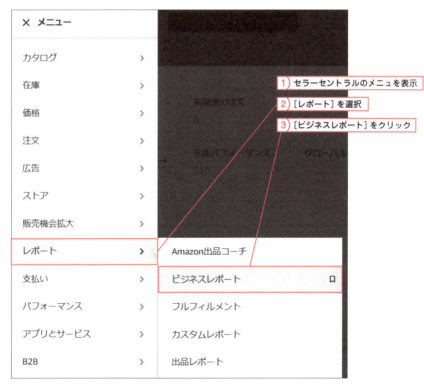

② [詳細ページ 売上・トラフィック]を表示させる

ビジネスレポートの売上ダッシュボードの画面に進むので、ビジネスレポート ASIN別の中にある「詳細ページ 売上・トラフィック」をクリックします。

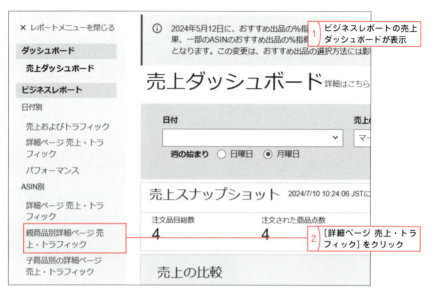

③ ユニットセッション率が表示された

ここでは販売ページごとにどれだけお客様がどれぐらいの確率で商品を購入してくれているか、チェックできます。

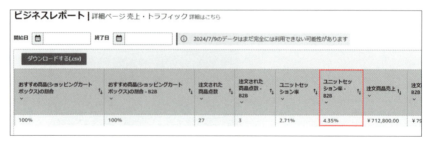

●次の指標をチェックしましょう

ユニットセッション率：ページに訪れたお客様がどれぐらいの確率で商品を購入してくれているか、成約率を示しています。一般には **CVR**（コンバージョンレート）と呼ばれる指標です。

セッション合計：ページにお客様が訪問された回数を示しています。

注文された商品点数：ページに訪れたお客様が注文した商品の点数になります。

ユニットセッション率が低い場合は販売ページを見直した方が良い場合です。絶対的な正解はありませんが、問題がない場合は2%～10%の間で推移することが多いです。目安としては1%を切ってしまっている場合は見直しを考えましょう。

販売ページの見直した方が良いポイントとは

販売ページの見直した方が良い点は以下のポイントになります。

●商品タイトル

わかりやすいタイトルになっているでしょうか。**キーワード**を盛り込みつつ、商品の特長や利点を伝えましょう。お客様が検索しそうなキーワード、お客様が必要だと感じる情報を入れて行きましょう。

●画像

メインの画像はわかりやすく綺麗な画像になっているでしょうか。またズームアップできる形にしましょう。サブ画像2枚目以降は商品のセールスポイントを伝えるような画像になっているでしょうか。お客様視点で一度見直してみましょう。

●セールスポイント

商品のセールスポイントはお客様から見た利点になっているでしょうか。売り手の考える良いポイントと買い手の考える欲しいポイントには、ズレが生じがちです。セールスポイントをチェックしてみましょう。

●見やすさ

特に、スマートフォンで見たときに、見やすいページになっているでしょうか。一文の長さや文章量は適切でしょうか。スマートフォンで販売ページを見直してわかりやすくなっているかどうか、見てみましょう。

●商品レビュー

商品ページへお客様のレビューは付いているでしょうか。競合商品に比べて少ない場合はセールをおこなって販売量を増やしたり、**Amazon Vine**の利用を検討するなどして、レビューを増やして行きましょう。

魅力的な販売ページは、売上向上に直結する重要な要素です。ユニットセッション率が低い場合は、販売ページがお客様の興味を引いて、購買意欲を高めることができているかどうか、上記のポイントを中心に見直して改善して行きましょう。

SECTION 6-9 在庫の管理や補充タイミングを再チェックする

売上を伸ばすために在庫を切らさない重要性については前述しました。それでは普段からどれぐらい確保しておくのが良いかをここではお伝えします。

補充するタイミングと量のコツ

結論から言うと、普段は売れ筋の商品の在庫については、3週間〜1ヵ月ごとに、前月の販売量の1.5ヵ月分〜2.5ヵ月を目安に、その在庫量を確保する量を補充していく形がオススメです。

理由は**ビッグフライデー**や**プレイム感謝祭**といったビッグセールに参加したり、タイムセールなどのプロモーションをおこなう場合、いきなり商品が普段の3倍〜10倍ほど売れてしまうことも珍しくありません。

普段から上記ぐらいの在庫量を確保しておけば、突発的に商品が売れたときでも、在庫が売れている間に、追加の納品に対応して行くことができます。

ただ、上記はあくまで目安です。競合が大きく増えるようなケースもありますし、せどりの場合は売れ残らない在庫量にしておくことを優先しましょう。やりはじめの頃は各商品あたり、1個〜5個ぐらいに抑えて仕入れ過ぎないことをオススメします。

FBA を使っている場合の注意点

また、商品の仕入から在庫登録までにかかる時間、**リードタイム**を把握しておきましょう。特にFBAの場合、余裕をもった納品スケジュールにしておかないと、納品が間に合わないことがあります。

在庫は定期的にチェックして、必要な在庫量を確保しておくようにしましょう。在庫量を確保し過ぎては不良在庫になりますし、足りないと売上を逃す形になります。自身の場合にとって、適切な量を把握して行くようにしましょう。

SECTION
6-10　損切りのタイミングも大切

Amazonマーケットプレイスの販売において、すべての商品が期待通りの売上を達成するとは限りません。需要の変化や競争の激化などにより、売上が落ちて元に戻らない商品も出てくることもあります。

いざという時には目の前の利益に固執しない

　ライバルや競合商品が出て値段が落ちて戻らないと言ったようなときは、商品を安く売り切ってしまって不良在庫を残さないようにして、商品自体のリニューアルや切り替えをして行くことも時には必要になります。

　売れない在庫を抱えたまま販売を続けることは、在庫コストの増加や資金繰りの悪化につながります。早めに損切りをおこなうことで、損失を最小限に抑えることができます。

損切のタイミングの見つけ方

　難しいのはその損切りのタイミングの見極めです。このタイミングの判断はケースバイケースになりますが、その判断をするために普段から次の点を意識しておきましょう。

●販売実績の定期的な確認

　損切りや商品切り替えの判断をするためには、販売実績を定期的に確認することが欠かせません。各商品の**販売パフォーマンス**を定期的にチェックし、問題のありそうな商品が出てきたらどうするか普段から対応を考えておきましょう。

●ライバルや競合商品の増減をチェックする

　ライバルや競合商品が増えてきたときは注意が必要です。相場の価格が下がって行く可能性が高まるので、状況を見ながら在庫量を持ち過ぎないようにすることが大切です。オリジナル商品の販売の場合は、競合商品との差別化がちゃんと訴求されているかどうか見直して行きましょう。

●改善策の実施と一定期間の検証

　販売不振の商品については、まず改善策を実施して見ることが大切です。価格の見直

6

誰も教えてくれなかった！売上が上がらないときの対処法

し、プロモーションの実施、商品ページの最適化など、様々な施策を試してみましょう。

一定期間、改善策を実施、その効果を測定、検証した上で、改善が見られない場合は、損切りや商品切り替えを検討する段階に入ります。

Amazonマーケットプレイスの販売において、どんなときも期待通りに商品が売れるわけではありません。需要の変化や競争の激化などにより、良かった状況が悪くなることもしばしばです。

改善できないと判断されるときは、早めに損切りをおこないましょう。簡単に諦めないで粘ることももちろん必要ですが、ダメなものはダメだと判断することも重要なことです。

売れない在庫を抱えたまま販売を続けると、在庫管理のコストも増えますし、資金繰りの悪化にもつながります。損失を最小限に抑えることで次の機会や成長に向けて備えることもできます。

▲必要以上の在庫を抱えすぎることには注意が必要です

COLUMN
買われない理由を減らすこと

　ここまでAmazonマーケットプレイスで商品を販売して成功するための方法について見てきましたが、Amazonに限らずインターネット上でお客様から商品を購入してもらうために大事なコツの1つとして「買われない理由を減らす」があります。

　昔に比べると、ECサイトやネットショップの買い物も珍しくなくなりましたし、Amazonに来るお客様の大部分は元々商品を買うつもりで来ているお客様でAmazonマーケットプレイスへの信頼もありますが、お客様が潜在的に持っている不安の一つが「この商品を買ってもこの出店者から買って大丈夫かな」と言う不安です。

　その不安をなくして安心して商品を買ってもらうためのポイントはこれまでお伝えしてきた通りですが、そういった買ってもらう理由作りと合わせて、そもそも買ってもらえなくなるような理由を減らすことも大切なことです。

- 写真や商品説明文がとても雑である。
- お問い合わせや質問に丁寧に答えてもらえない。
- 購入者の評価やレビューがほとんどついていない。

　そう言ったお店や商品を買うのは少したためられますよね。

　これは人に例えて見ると良くわかります。売れる営業マンは、特別なことをするより、何よりまずお客様から「信頼」される身だしなみ、お客様に安心してもらえる行動をとっています。買ってもらうための大前提としてまず信頼して安心してもらわないといけません。

　特にAmazonでは上で述べた通り、商品を買うつもりで来ているお客様が多いので、その背中を押すだけで商品は売れやすいような状態です。

　買わない理由をなくすことは、何か特別なことをすることではありません。お客様の目線から基本的なポイントを一つ一つチェックして、お客様の買いたいという気持ちを削ぐような箇所を減らして、お客様にスムーズに気持ち良く買い物してもらう流れを作りましょう。この出店者や商品は大丈夫だ、という信頼や安心感をもってもらえると、商品はより売れやすくなっていきます。

COLUMN
優先順位を決めて「やらないことを決める」ことも大切

　Amazonマーケットプレイス出店を成功に導くために、「具体的にやることを決めて実行して行く」ことが必要になりますが、同時に、「やらないことを決める」ことも極めて重要です。

　Amazonマーケットプレイス、ECサイトやネットショップの事業は、やろうと思ったら、やるべきことはいくらでも出てきます。

　多くの起業家や経営者は、あらゆる機会を逃さないようにと考え、様々な取り組みを同時進行でおこなおうとしがちですが、限られたリソース（時間、資金、人材）の中で、全てに手を出すことは非効率的です。全てやろうとすることは、むしろ事業の成長を阻害する可能性もあります。特に副業で取り組むような場合は、時間が大きく限られます。やることの優先順位を明確にして、やらないことを決めることも大切です。

　「やらないこと」を決めることで、以下のようなメリットがあります。

①**集中力の向上**：成果に直結する核となる仕事やタスクに、リソースを集中できます。
②**意思決定の迅速化**：やらないことを決めて優先順位の高い仕事やタスクに集中しているので、意思決定や課題に対して素早く対応できます。
③**ストレスの軽減**：取り組むべきことが明確になり、迷いや不要な悩みが減少します。

　やらないことを決めるには、特に次の2点を考慮に入れましょう。

①**やることの優先順位を決める**：今やらないといけない優先順位を明確にしましょう。やった方が良い、と言うことではなく、まずはやるべきことを優先しましょう。
②**売上に直結しない施策はやらない（特に売上高が低い時期）**：売上に直接紐付かない施策はまずは後回しにしましょう。出品や在庫納入、お客様対応など、売上に直接紐付く施策からまず取り組むことが重要です。

　Amazonマーケットプレイス出店の成功は、何をやるか、だけでなく、何をやらないか、と決めることも大事です。むしろ何をやらないか決めることで、何をやるべきか明確になることも多くあります。やらないことを明確にして限りあるリソースを最大限に活用して行きましょう。

CHAPTER 7

売上が伸びてきたら次の一手を考えよう

SECTION 7-1　売上を伸ばすための公式

Amazonマーケットプレイスの出店や販売に慣れてきたら、売上や利益を伸ばすことも視野に入れていきましょう。売上を伸ばすためには、やみくもにいろんなことをやって頑張っても効果は上がりにくいです。自身の状況に合わせて、売上に紐付く施策を優先的におこなって行きましょう。

売上を構成する要素とは

売上を構成する要素の内訳を理解して行きましょう。
売上は次の式で表すことができます。

売上＝集客数×成約率×商品単価
※商品単価の部分は、顧客単位で見る場合は顧客単価となります。

それぞれの要素をAmazonマーケットプレイスに当てはめると、次の通りとなります。

集客数➡「セッション数」
成約率➡「ユニットセッション率」
商品単価➡「商品価格」

すなわちAmazonの売上を構成する要素は、この3つの指標から成立していることがわかります。売上を伸ばして行くためには、この3つの数値をどう伸ばして行くかを考えて行くことになります。

せどりの場合には

せどりの場合は、既存の商品を仕入れることになるので、いかに人気の商品を仕入れることが数値を伸ばす鍵になります。人気商品は成約率や商品単価が安定しており、人気商品が増えると、お客さんがたくさん来てくれるので、セッション数（＝集客数）が上がるからです。

オリジナル商品を販売する場合は、これら3つの要素をまんべんなく上げていくことが売上を伸ばすコツになります。どれか一つの数値を極端に上げようとするよりは、そ

れぞれを少しずつ改善して行くことがオススメです。

　例えば、集客数を2倍にして後の数値がそのままの場合、売上は2倍になりますが、それぞれの数値を1.3倍にした場合は、売上は約2.2倍、それぞれの数値を1.5倍にした場合、売上は約3.4倍までになります。

集客数 2倍 ×　成約率 そのまま　×商品価格 そのまま　＝売上は2倍
集客数 1.3倍 ×　成約率 1.3倍　×商品価格 1.3倍　＝売上は約2.2倍
集客数 1.5倍 ×　成約率 1.5倍　×商品価格 1.5倍　＝売上は約3.4倍

　集客数を2倍にしようとするとハードルは上がりますが、それぞれの数値を少しずつ上げることを考えるとそれぞれのハードルは下がりますし、労力に応じた結果も良くなります。

　また1つの数値を極端に上げようとするとやれる施策の選択肢が少なくなりますが、それぞれの数値を少しずつ上げることを考えると施策の選択肢も増えるので、施策案のイメージも付きやすいことが多いです。

　無理にがんばる、ということは短期的には上手くいくこともありますが、長期的に見ると、長続きしないことがほとんどです。自分が出来る選択肢の中で、やれることを実施、その中で効果的だった施策を続けていくと良い成果は継続しやすくなります。

考えられる施策カテゴリー

●セッション数 (集客数) の場合
　広告、販促／キャンペーン、SEO施策、商品数の増加　など

●ユニットセッション率 (成約率) の場合
　商品情報の最適化、在庫管理の改善、A＋の充実化　など

●商品価格 (商品単価) の場合
　商品価格の見直し、セット商品、売れ筋商品に関連する高価格帯の商品の販売

　売上を伸ばすために大事なことは、やみくもに施策をおこなうことではなく、その時点の自身にとって必要な施策をおこなうことです。

　例えばセッション数が十分集まっていてユニットセッション率が低いことが売上低迷

7

売上が伸びてきたら次の一手を考えよう

の原因なのに、さらに集客施策に力を入れても効果は薄いでしょう。

また成約率が十分高い状態なのに、商品価格を必要以上に下げてしまっていたり、セッション数が足りなければ、それは売上も利益も上がりにくいでしょう。

今、おこなっている施策はなんのためにやっているのか意識しながら、日々の施策を積み重ねて行きましょう。

売上
＝集客数　　　　×　成約率　　　　　×　商品単価
セッション数　ユニットセッション率　商品価格

上記の式は常に意識して日々改善していきましょう。

COLUMN

数字による分析は事業の成功には不可欠

　Amazonマーケットプレイスの事業を成功に導くためには、数字に基づいた分析はとても大事な点になります。数字は事業の現状を客観的に把握することができるので、感覚や勘に頼るのではなく、具体的なデータを基に意思決定をおこなうことができます。

　売上高、利益率や顧客獲得単価の他、本書でもご紹介している様々な指標を定期的に計測し分析することで、お店や商品の強みや弱み、改善点が明確になります。これらの数字を基に、具体的な目標を設定し（Plan）、実行に移し（Do）、結果を確認・評価し（Check）、さらなる改善策を講じる（Action）というPDCAサイクルを回すことで、継続的な成長が可能になります。

　このように、数字を軸にPDCAを回すことで、事業の問題点を早期に発見し、迅速に対応することができます。定期的に必要な数字やデータをとって、現状を客観的に把握して行きましょう。

SECTION
7-2
商品を特化するのか
商品数を増やすのか

Amazonマーケットプレイスをはじめ、物販の事業を伸ばしていく上で、その土台になるのが「商品」です。商品が良いもので、ニーズがあるからお客様に価値を届けられますし、商売も成長して行きます。

Amazonマーケットプレイスで売り上げを伸ばす2つの方法

ただ売上を伸ばしたいからと言って、自身が良くないと思うような商品を販売してはいけません。自分自身がお客様だったとしても、とても価値を感じる商品で満足できる商品であるべきです。

お客様にとってこう使ってもらったら価値がある、そう言った商品を取扱うことが大切です。

その大前提の上で、Amazonマーケットプレイスの売上を伸ばして行くために、取れる方向性は大きく2つあります。**特定の商品**や**カテゴリーに特化**する方向性と、取り扱う商品数やカテゴリーを増やしていく方向性です。

これはどちらが正解、と言うことはないので、自身の状況やリソースに合わせて判断して行きましょう。

それぞれのメリット、デメリットは次のようになります。

	商品を特化	商品数を増やす
メリット	特定の商品やカテゴリーに特化することで、その分野での専門性を高めることができます。商品知識を深め、品揃えを充実させることで、顧客からの信頼を獲得しやすくなります。また、特化した商品に的を絞ったマーケティングやブランディングを	商品数を増やす戦略の最大のメリットは、売上の拡大が期待できることです。多様な商品を取り揃えることで、幅広い顧客ニーズに対応できます。また、商品間のシナジーを生み出すことで、クロスセルやアップセルの機会を増やすことができるでしょ

7

売上が伸びてきたら次の一手を考えよう

	行うことで、効果的に差別化を図ることができます。リソースを集中させることで、効率的な在庫管理や販売促進が可能になるというメリットもあります。	う。季節性やトレンドの変化にも対応しやすくなり、リスク分散にもつながります。
デメリット	商品を特化することには、リスクも伴います。特定の商品やカテゴリーに依存することで、市場の変化に対応しづらくなる可能性があります。需要の減少や競争の激化などにより、売上が大きく影響を受ける恐れがあるのです。また、商品の幅が限定されることで、売上の伸び代が制限されてしまうこともあるでしょう。	商品数を増やすことには、在庫管理の複雑化や販売管理コストの増加といったデメリットもあります。多くの商品を扱うためには、在庫スペースの確保や、商品ごとの需要予測が必要になります。また、商品ページの最適化や広告運用など、販売促進の労力も増大します。商品数が増えることで、個々の商品への注力が難しくなり、専門性が薄れてしまう恐れもあります。

　なお、せどりをやる場合であれば、はじめはどんな商品が売れるのか実績としてないため、まずは取り扱う商品数やカテゴリーを増やしていく方向性の方が利益を出しやすいでしょう。また、ある程度売れ筋商品がハッキリしてきたら、外注やスタッフを雇わない限りは商品数を絞っていった方が売上を伸ばして行きやすいでしょう。

オリジナル商品で売り上げを伸ばすには

　一方で、オリジナル商品の場合は、あれもこれもと、手を出し過ぎるとどの商品の販売ページもまだ力がない状態なので、どれも中途半端になりがちです。まずはこの商品、と推していく商品を決めてその商品の販売に力を入れて行った方が良い結果を出しやすくなります。

　こちらは、ある程度売れるようになってきたら、サイズ違いや色違い、関連商品など、少しずつ**商品バリエーション**や**ラインナップ**を増やして行くことと、更に売上が上がりやすくなる傾向が強いです。

　大手企業であれば、資金力もリソースも豊富にありますが、中小企業や個人事業だと資金や割ける人的リソースも時間も限られています。方向性と優先順位を決めて、長期的視点から自身にとって最適の商品ラインナップと構成にして行きましょう。

SECTION
7-3 やりがちな失敗の素

Amazonマーケットプレイスでは、多くの出店者が陥りがちな失敗のパターンがあります。これらの失敗のパターンにハマることで、売上の低迷や利益率の悪化はもちろん、パフォーマンス指標の低下からアカウント停止などの深刻な事態につながることもあります。

Amazonマーケットプレイスの失敗パターンを知る

ここではAmazon出品においてやりがちな失敗のパターンについて理解し、それを避けるための対策を講じて行きましょう。

●商品や市場のリサーチ不足

商品選定は、Amazonマーケットプレイスの販売の成否を大きく左右する要因です。需要が見込めない商品や、競合が激しい商品を選んでしまうと、他をどんなにがんばっても売上は伸びにくくなります。そう言った商品を選定してしまう主な原因が商品や市場の**リサーチ不足**です。

せどりにせよ、オリジナル商品の販売にせよ、商品のリサーチが不足していると、売れない商品を仕入や製作してしまいがちです。

しっかりと商品や市場のリサーチをおこない、根拠をもって商品の仕入や製作を実施しましょう。

●在庫管理の失敗

在庫管理は、売上を大きく左右する要素の一つです。需要の予測を誤り、過剰な在庫を抱えてしまうと、在庫コストの増加と合わせて、資金繰りの悪化につながります。逆に、在庫不足に陥ると、販売や大きな成長の機会を逃してしまうでしょう。適正な在庫量を維持するために、需要の予測の精度を高め、リードタイムを考慮した発注や納品をおこなうことが大切です。

●広告運用への過多な投資

Amazonの広告は、売上アップの強力なツールですが、運用が良くないのに、資金を投資し過ぎて失敗してしまうこともあります。またキーワードの選定や入札額の設定が不適切で無駄な広告費用を支払ってしまうこともありがちなことの一つです。

7
売上が伸びてきたら次の一手を考えよう

もちろんある程度広告を回してみないとわからないこともあるのですが、広告の効果測定や改善は常に意識しましょう。データに基づいた広告運用を行い、**PDCA サイクル**を回すことが重要です。

● Amazon の規約違反

CHAPTER4 の「Amazon マーケットプレイスの規約は必ず守ろう」でお伝えした通り、Amazon マーケットプレイスに出店や出品するために、私たち出店者には守らなくてはいけないさまざまな規約があります。

これらの規約に違反すると、アカウントの一時停止や最悪の場合アカウント削除といった厳しいペナルティが課せられることもあります。**レビューの不正操作**や、商標権の侵害、偽造品の販売などは、重大な規約違反に当たりますので、十分に注意しながら出品や販売活動をするようにしましょう。

●テクニカルサポートへの確認不足

Amazon マーケットプレイスに出店して商品を販売する際に、テクニカルサポートへ確認していない、と言ったケースも多く見られます。例えば前項の規約違反のケースのような場合、不明瞭なケースのときは事前テクニカルサポートへ質問や確認をしておけば防げた、といったようなことは良くあります。

テクニカルサポートは私たち出品者の応援者でもあります。上手に活用するためにも、わからないことや不明な点があったら、ものおじせず質問やアドバイスを求めてみましょう。

成功するために、攻めの施策をおこなうことも大切ですが、そもそも失敗しそうなことを避けていくことも無駄な労力やコストを払わないことにつながります。上記の良くある失敗パターンを参考にして Amazon マーケットプレイス販売の成功確率を高めて行きましょう。

SECTION
7-4　新しい商品の投入

Amazonマーケットプレイスの出店において、ある程度慣れてきたら、新しい商品の出品を考えて行きましょう。

新商品投入のメリットとデメリット、成功のためのポイント

　せどりのように商品の利益の取れるサイクルが短い場合は常に新しい商品を仕入れて販売していく必要がありますし、オリジナル商品を販売する場合も、サイズや色を変更したバリエーションの商品、アップグレードやダウングレードした商品、そして関連商品など商品ラインナップを充実することも、売上、利益や事業を成長させる上で有効な手段の一つです。

　ここでは、Amazon出品における**新商品投入**のメリットとデメリット、成功のためのポイントについてお伝えします。

●新商品投入のメリット

　新しい商品を投入することで、商品数が増えるので売上が増加しやすくなります。また一つの商品に集中していると売上が上下しがちですが、商品数を増やすことで売上がブレる幅も一つの商品のときに比べると小さくなります。

　また新しい商品はこれまでアプローチできなかった新規のお客様にアプローチできるほか、既存のお客様の興味を引くこともできます。

●新商品投入のデメリット

　新しい商品を投入することで、出品の他、納品管理や作業の手間が増えるので、業務の工数、かかる時間や管理コストが増加します。

　せどりのケースの場合、商品を増やし過ぎて、商品ごとの**クオリティーが低下**したり、検品や在庫を管理しきれなくなるケースもあります。その場合、ツールを活用したり、スタッフを雇ったり、外注するなどの対応が必要になります。

7

売上が伸びてきたら次の一手を考えよう

また、オリジナル商品販売の場合、商品のバリエーションが増えすぎるとお客様にとって選択肢が増えて、逆に選びづらかったり、価格が安い方の商品に流れてしまうリスクもあります。

新商品投入を成功させるポイント

新しい商品を成功させる一番のポイントは、出品や納品管理の作業量と、人的リソースのバランスを取ることです。

商品数を増やし過ぎてしまい、人手も時間も足りなくなることは珍しくありません。極端に商品数をいきなり増やし過ぎることはあまりオススメできません。

一方で一つの商品だけに固執してしまい、売上や利益を伸ばす機会を逃してしまうことは避けたいところです。

以上、新商品の投入について見てきましたが、新しい商品を出品して、商品数を増やすことは、売上や利益を増やすことに直結しやすく、成長のためには有効な手段の一つです。

一方で急激に商品数を増やし過ぎるとその分歪みも出やすくなります。自身のバランスを取りながら検討して行きましょう。

▲新商品の投入はバランスを見ながら計画的に実施しましょう

SECTION
7-5 広告やプロモーションの強化

CHAPTER5では広告やプロモーションの概要や設定、CHAPTER6では広告の検証方法について見てきましたが、慣れてきたら広告やプロモーションの強化をおこなって行きましょう。オリジナル商品を出品する際に大きく売上を伸ばしていくためには、広告やプロモーションの施策は必須になります。

Amazonには広告を打つ順番がある！？

　CHAPTER5でお伝えしたように広告にはスポンサープロダクト広告、スポンサーブランド広告、スポンサーディスプレイ広告がありますが、スポンサープロダクト広告がある程度回ってきたらスポンサーブランド広告やスポンサーディスプレイ広告も出稿して行きましょう。

　スポンサープロダクト広告は見込みのお客様向け、**スポンサーブランド広告**やスポンサーディスプレイ広告は潜在的なお客様向けの広告になりますが、それ以外にスポンサーブランド広告やスポンサーディスプレイ広告を出稿することで、広告の「面」を取ることができます。

　例えばあるキーワードで検索したとき、スポンサープロダクト広告のみの出稿であると、スポンサープロダクト広告の表示箇所にのみ広告が表示される形になりますが、スポンサーブランド広告やスポンサーディスプレイ広告も出稿していれば、それらの表示箇所にも広告が表示されます。潜在的なお客様へのアプローチの他、見込みのお客様の購入を確実に逃さない、と言う効果があります。

　また、それらの広告にフォーマットで**動画広告**を使えばユニットセッション率（成約率）も上がりやすい傾向にあります。スポンサープロダクト広告がある程度、費用対効果が上がってきたら、スポンサーブランド広告やスポンサーディスプレイ広告の出稿も検討してみましょう。

販促も計画的に考えて検討して行く

　また、プロモーションや販促も、計画とスケジューリングをして定期的に検討して行きましょう。Amazonの外でも商品を販売していて価格を落としたくない場合は、無理にプロモーションや販促をする必要はありませんが、前述のようにタイムセールやピッ

7 売上が伸びてきたら次の一手を考えよう

グセールなど、Amazonには出品することで大きく売上を伸ばすことのできる施策が打てます。

　特に、ブラックフライデーやプライム感謝祭と言ったビッグセールやその前後の時期は商品が売れやすい傾向にあるので、プロモーションや販促をおこなう場合は、しっかりスケジュールをたてて実施して行きましょう。

　その時期に合わせて広告を強化したり、複数のプロモーションや販促企画を組み合わせることで効果を最大化することもできます。

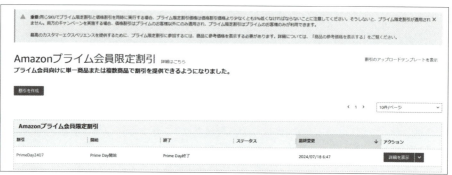

▲プロモーションや販促はスケジュールをたてて定期的に実施しましょう

> ### COLUMN
>
> ## Amazonのセールについて
>
> 　Amazonマーケットプレイスでは、毎月のタイムセールのほか、毎年次のようなセールが企画されています。
> 　セールは大きく売上を伸ばせる機会なので、参加できる場合は前向きに検討してみましょう。
>
> 【主なAmazonの年間セール】
> 1月　Amazonの初売りセール
> 3月　Amazon新生活セール
> 7月　Amazonプライムデー
> 10月　Amazonプライム感謝祭
> 11月　Amazonブラックフライデー　Amazonサイバーマンデー
> 12月　ホリデーセール
>
> ※開催時期はあくまで目安になります。また場合によっては開催されない可能性もあるので、随時チェックして行きましょう。

7　売上が伸びてきたら次の一手を考えよう

SECTION
7-6
新たな販売チャンネルへの参入

Amazonマーケットプレイスの出店や商品の販売が軌道に乗ってきたら、新たなプラットフォームの販売に取り組んでいくことも事業を拡大する方法の一つです。

Amazon以外の販売チェンネルについて

本書の冒頭でお伝えしたように、物販の事業者が取り組みやすいプラットフォームには次のようなプラットフォームがあります。

- 楽天市場
- Yahoo! ショッピング
- Q10
- メルカリ
- ヤフーオークション
- 自身のECサイト

他にも、Instagramといったソーシャルコマースや、ebay、T-mallやShopeeと言ったプラットフォームを活用してグローバルな市場に向けて商品を販売する道もあります。

これはどこに出品することが絶対的な正解、と言うものはありません。自身のターゲットとするお客様の層や、自身や事業が成長して行きたい方向によっても変わってきます。

高い年齢層向けに商品を販売してブランドにして行きたいような場合は、自身のECサイトを立ち上げて電話でも注文を取れるようにすることが正解かもしれませんし、若い年齢層に向けて売りたい場合は、Q10で販売することが正解かもしれません。

楽天市場とAmazonの関係とは

ただ、オススメがあるとすれば、失敗しにくいのは「楽天市場」になります。理由は前述の通りAmazonとほぼ同規模の市場規模があり、また楽天市場のお客様とAmazonの

7

売上が伸びてきたら次の一手を考えよう

お客様の層には親和性があります。

　Amazonマーケットプレイスと楽天市場の双方で出店している場合、Amazonの売上が伸びると大体楽天市場の売上も自然に伸びますし、逆もあります。

　ただ、これはあくまで一般論なので、ご自身の扱う商品の特性やお客様の層、今後成長していきたい方向性と合わせて考えて検討して行きましょう。

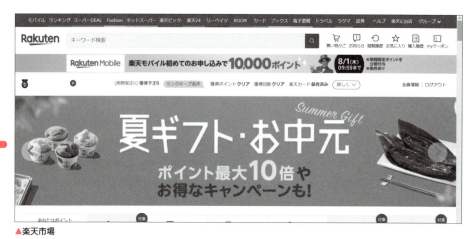
▲楽天市場

▲Yahoo！ショッピング

SECTION
7-7 業務の効率化や体制の見直し

Amazonマーケットプレイスの販売が拡大してきたら、売上を更に伸ばして行くためには、業務の効率化や体制の見直しは必要になってきます。このセクションではそれらのポイントについてお伝えいたします。

ツールの活用

　売上が伸びてきたとき、業務を効率化する方法として、もっとも取り入れやすいものの一つが「**ツール**」です。市場や競合商品のリサーチツール、出品のためのツール、物流のためのツールなど、販売を拡大するためのものや、効率化のためのものなど、Amazonに活用できる様々なツールが出ています。

　その一部、オススメのツールには次のようなものがあります。

【競合調査や出品のためのツール】
- セラースプライト
https://www.sellersprite.com/jp
- プライスター
https://pricetar.com/
- bqool
https://www.bqool.com/jp/
- Nint
https://www.nint.jp/

【販売管理、SEOや広告支援のためのツール】
- tool4seller
https://www.tool4seller.com/jp/
- Picaro.AI
https://www.picaro.ai/

　他にも色々なツールがリリースされているので、自身に必要なツールは積極的に導入を検討してみましょう。

7

売上が伸びてきたら次の一手を考えよう

193

外注／アウトソーシングの活用

　販売の拡大に伴い業務が増えてきたり、自身や自社のリソースだけでは対応が難しい業務については、**外注**や**アウトソーシング**の活用を検討しましょう。物流や顧客対応、マーケティングなど、専門性の高い分野での外部リソースの活用が効果的です。自身の強みに集中して、効率的にAmazonマーケットプレイスの販売運営を目指すために、上手に外部パートナーを活用することも重要です。

　次のようなサイトで外注スタッフを探すこともできます。

- ランサーズ
https://www.lancers.jp/

- クラウドワークス
https://crowdworks.jp/

スタッフの雇用

　販売の拡大に伴い、FBAを活用していたとしても、どうしても業務の工数は増えてきます。そうしたとき、EC業務に精通したスタッフの雇用や組織体制の見直しをすることで、売上を伸ばして行くための土台となる、実現したいビジョンに向けてスピード感と正確性を伴った業務体制をつくることができます。

　Amazonマーケットプレイスの販売が拡大してきたら、売上を更に伸ばして行くために、一度立ち止まって、業務の効率化や体制の見直しをして行きましょう。継続的に取り組むことで、改善も段階的におこなって行けます。

SECTION 7-8　海外への展開

もともと輸出で始められている方は別ですが、日本のAmazonマーケットプレイスで出店を始められた場合、海外市場への進出は大きな成長機会となります。

Amazon経由で海外へ進出する方法

　本書の冒頭でもお伝えしたように、Amazonマーケットプレイスは世界17カ国（2024年6月現在）でサービス展開されているので、Amazonマーケットプレイスを利用すれば、ハードル低く海外へ商品を展開して行けます。

　細かい部分で各国ごとにAmazonマーケットプレイスのシステムやルールも若干違う場合がありますが、基本は一緒です。

Amazon販売を海外展開する際のポイント

●販売する国をまず絞る

　一言に海外、と言っても販売する国によって状況はまったく異なってきます。商品やカテゴリーによって売れる国、売れない国がありますし、現地の法律も各国によって大きく異なってきます。

　Amazonマーケットプレイスを利用するのであればアメリカが人口や市場も多く、やりやすいのが通常だと思いますが、例えばアメリカと決めたのであれば、ヨーロッパ各国は考えず、まずアメリカで販売することに集中しましょう。

●市場調査と商品選定

　海外展開を始める前に、ターゲットとする国や地域の市場特性を十分に調査することが重要です。現地の競合状況や価格帯、お客様の好みなどを調査、分析して、自身が輸出したい商品のニーズがあるかどうか、まずはそこを見極めましょう。

　日本の販売の場合と同じく、**Amazonランキング**や売れ筋商品を参考にすることはとても有効です。

●現地の規制と手続きへの対応

　販売する国や地域によって、商品の輸入規制や安全基準、ラベル表示などの要件が異

7

売上が伸びてきたら次の一手を考えよう

なります。これらの規制に適合するための手続きや書類の準備は必須です。また、現地に法人を立てる必要がある場合や、関税や消費税など、現地の税制にも対応する必要があります。一つ一つ調べて行きましょう。

●言語と文化の壁の克服

　海外のお客様に商品の魅力を効果的に伝えるには、現地の言語での商品ページの作成が欠かせません。単なる直訳ではなく、現地の文化や習慣を理解した上で、適切な表現を用いることが重要です。**ネイティブスピーカー**による翻訳や、現地のマーケティングのパートナーとの協力が有効でしょう。

●FBAの活用

　FBAを利用することで、Amazonで販売する場合はもちろん、自身のECサイトで商品を販売させて在庫管理や配送業務のみをAmazonに委託することができる場合もあります。その場合、海外で現地の物流インフラを整備する必要がなく、スムーズな販売開始が可能です。

●広告、販促やプロモーションの活用

　海外のAmazonでも広告出稿、販促やプロモーションを活用することができるので、現地語に合わせた広告キーワードの選定、各販促やプロモーション施策も日本同様に活用して行きましょう。

　上記のような点が、Amazon販売を海外展開する際のポイントになりますが、海外展開については、下記のような機関でも相談に乗ってもらえます。

●日本貿易振興機構（ジェトロ）
https://www.jetro.go.jp/

　日本貿易振興機構（ジェトロ）では、アメリカのAmazonへの出店サポートの企画なども随時開催しています。わからないことや迷ったときは相談してみましょう。

　海外への展開はもちろん簡単なことではありませんが、想像しているよりは難しいことでもありません。各国の市場の特性を踏まえながら、じっくり取り組むことで、海外への展開や飛躍的な成長を実現して行きましょう。

CHAPTER 8

Amazonマーケットプレイスの問題解決やトラブル対応方法

SECTION 8-1 わからないことが発生したら

Amazonの出店や販売の過程では、さまざまな課題や問題が発生することがあります。またAmazonマーケットプレイスには多くの機能や規則があり、また新しいものも随時リリースされています。そう言った機能や規則は慣れるまでは難しく感じることもあります。

Amazonマーケットプレイスの出店で困ったら

このセクションでは、Amazonマーケットプレイスの出店でわからないこと、課題や問題が起きた際の対処法について解説します。

●Amazonテクニカルサポートの活用

Amazonマーケットプレイスでわからないことが出てきたら、基本は**Amazonテクニカルサポート**に問い合わせることがオススメです。

① **Amazonのサポートを受ける**

セラーセントラルから［ヘルプ］→［サポートとリソースを利用する］で進むことができます。

1) セラーセントラルを表示　2) ［ヘルプ］クリック
3) ［サポートとリソースを利用する］をクリック
［サポートのケースを管理する］をクリックすれば、進行中やこれまでの履歴を見ることができる

テクニカルサポートの担当者が問題の詳細を確認し、対応してくれます。**ヘルプページ**や**フォーラム**、GoogleやYahoo!で検索してもわからないようなときは、積極的に活用してみましょう。

●ヘルプページの活用

　Amazonには、出品者向けの詳細なヘルプページが用意されています。商品登録、在庫管理、注文処理など、出品に関する様々なトピックについて、わかりやすい説明が提供されています。

　わからないことが出てきたら、ヘルプページを見てみましょう。

① ヘルプページを活用する

［ヘルプ］→［サポートとリソースを利用する］→［記事］で進むことができます。

② 各トピックを参照

各トピックについて参照できます。

●フォーラムの活用

　Amazonでは、出品者同士が情報交換を行うフォーラムも用意されています。ここでは他の出品者が経験した問題や、それに対する解決策が共有されています。自分と同じ

ような問題で悩む出品者の声を参考にすることで、解決のヒントが得られる事も多いですし、フォーラムで質問を投稿し、アドバイスを求めることもできます。

回答が返ってくるかどうかは質問内容やタイミング次第になりますが、**セカンドオピニオン**や他の出品者の意見を聞いてみたいときは質問してみても良いでしょう。

[ヘルプ] → [サポートとリソースを利用する] → [フォーラム] で進むことができます。

●Amazon出品大学の活用

Amazonの出品作業を中心に解説してくれているのが**Amazon出品大学**です。出品についてわからないことがある場合参照してみましょう。

[ヘルプ] → [サポートとリソースを利用する] → [Amazon出品大学] で進むことができます。

Amazonサポート部門の活用

Amazonマーケットプレイスでは、特定の出店者向けにAmazonの専門のサポート部門が直接サポートしてくれるサービスもあります。

通常のサービスではなく、Amazonから直接提案される場合もありますし、こちらからテクニカルサポート経由などで問い合わせる方法もあり、別途契約が必要になります。

ある程度の月額費用がかかってきますが、サポート部門にサポートしてもらうことで、アドバイスはもちろん、通常はAmazon内でしか取れないデータを情報共有、分析してくれたり、課題や問題の解決をスムーズにしてくれる場合があります。

売上や利益が伸びてきたり、大きく売上を伸ばすことを考えられる場合は検討してみましょう。

Amazonを得意とするECコンサルタント会社の活用

売上や利益を伸ばしたいときや、相談しやすいパートナーが必要なときは、Amazonを得意とするECコンサルタントやコンサルティング会社に相談することも有効です。

特にAmazonを得意とする**ECコンサルタント**やコンサルティング会社は、さまざまなケースの売上上昇や課題解決の事例や知見を持っていたり、実際の運用サポートをし

ていることも多いので、具体的な運用方法に精通していることが多いです。その経験に基づいたアドバイスやサポートを提供してくれるでしょう。

生成AIの活用

後述する**ChatGPT**や**Claude**といった**生成AI**に質問することも有効です。特にAmazonの技術的なこと以外の全体的な課題や問題整理には、とても向いています。

　以上がAmazonマーケットプレイス出店でわからないこと、課題や問題が発生したときの主な対処方法になります。適切なリソースを活用し、わからないとこが出てきたら出来るだけ早めに対処しておきましょう。

　問題が大きくなってから対処するのではなく、疑問が出てきたら予防的に対応しておくことも重要です。そうすることで、トラブルのリスクを最小限に抑えることができます。

▲著者の会社でもご相談を承っています
　株式会社スタックアンドスタック　https://www.stack-stack.com/

SECTION 8-2 テクニカルサポートを最大限活用しよう

Amazonマーケットプレイスで最大限に成果を上げるためのコツの一つが、テクニカルサポートを最大限活用することです。

テクニカルサポートの活用法

前セクションでお伝えしたように、Amazonマーケットプレイスで販売をしているとわからないことや判断に迷うことが起きます。またシステム面や規約面でも**アップデート**されることも多いので、わからないときや確認を取りたいときなど、Amazonのアドバイスをもらうことが重要になってきます。

ただ、Amazonテクニカルサポートを有効に活用できていないケースも多々散見されます。Amazonテクニカルサポートを上手に活用するためのコツがあるので、ここではそれを解説します。

基本はメールの連絡がオススメ

Amazonテクニカルサポートにはメール、電話、チャットの連絡手段があります。

・**メール**
基本の連絡は履歴が残るのでメールがオススメです。

・**電話**
込み入った操作方法の**レクチャー**や急ぎの場合は、電話も有効です。

・**チャット**
簡単な質問の場合は、すぐに返事が来るので、チャットもオススメです。

メールの連絡がもっとも良い点の一つが、履歴が残る点です。メールの連絡と言っても、「サポートのケースを管理する」からセラーセントラル上で履歴をすぐに見ることができます。

特に、会社組織で仕事をする場合は情報共有がとてもしやすくなります。また、Amazonの販売では類似のケースが良く起こるので、過去の事例も参照しやすくなります。

また、画像などを添付することができるので、説明がとてもしやすく結果的に時間短縮になることもオススメの理由の一つです。

基本はメールで連絡を行い、必要なときに電話を使う、と言う使い方をここでは推奨します。

▲急ぎの場合は「即時の対応が必要です。」の欄にチェックを入れましょう

●短い文章で端的に

テクニカルサポートへの連絡は端的に短い文章でおこなうことがオススメです。長い文章は、書くのに時間がかかりますし、読む方も理解するのも時間がかかります。
短い文章にするには、箇条書きを上手く使うのも良い方法です。

●「情報」と「リクエスト」を記載する

テクニカルサポートに問い合わせる際は、できる限り相談の前提となる、具体的な情報を提供しましょう。注文番号、ASIN、商品名、発生した問題の詳細など、関連情報を漏

れなく伝えることで、スタッフがスムーズに対応できます。また、**スクリーンショット**や**エラーメッセージ**などの画像を添付するのも効果的です。

また、聞きたいことややってほしいことは、短くわかりやすく記載しましょう。

満足いく回答が得られなかった場合アプローチを変えてみる

テクニカルサポートもそうですが、Amazonは部署や担当者ごとに権限やアクセスできる情報が変わってきます。質問してもテクニカルサポートでは解決できない事項である場合もあります。その場合、質問の切り口やアプローチを変えることで、他部署に情報を上げてくれたり、対応を変えてくれることもあります。

満足いく回答が得られない場合、相手の立場を想像してみてアプローチを変えてみましょう。アプローチを変えることで欲しかった回答や問題が解決することも多くあります。

Amazonテクニカルサポートは上手に活用すればとても頼りになる存在です。上記のポイントを意識して活用することで、トラブルの解決や売上の拡大など、様々な場面で効果を発揮するはずです。ぜひ、テクニカルサポートを上手に活用し、Amazonマーケットプレイスの出店を成功に導いてください。

購入者からクレームが来た場合

Amazonマーケットプレイスに出店すると、購入者からクレームが来る場合があります。クレームへの対応はお客様の満足度、レビューやアカウント健全性のスコアにも影響します。

ここでは購入者から**クレーム**が来た場合の対応の流れやコツについて見て行きましょう。

●事実確認

購入者からクレームなど連絡が来たらまず「事実確認」を必ずしましょう。お客様の方も悪気なく他の注文と混同しているケースや、悪質なクレーマーの場合もあります。

事実確認には、次のような点をお客様から聞きましょう。

- 注文ID
- 何が起こっているか
- もしあればおこなっている事実の裏付けとなるもの（画像や配送情報など）

●迅速な対応

クレームを受けたら迅速に対応しましょう。Amazonでも24時間以内の対応を推奨しています。放置しているとお客様の怒りなどはますますエスカレートするばかりです。早めの対応を心がけましょう。

●共感と丁寧なやりとり

クレームへの対応は、まず共感を示すことが大切です。不満や不便をかけている点については共感する姿勢を示しましょう。ただ、問題となっている点については、もちろん出品者側に責任がある場合は謝罪するべきですが、悪くないケースもあるので、そう言った場合は、問題となっている点については簡単に謝罪はしないようにしましょう。

また、どんな場合も丁寧なやり取りを心がけることが重要です。お客様は大切にされていない、と感じると感情的になる場合もあります。

●問題の特定、解決策の提示やカスタマーサポートへの誘導

クレームの内容をを詳しく確認し、問題を解決したら解決のための具体的な提案をしましょう。配送遅延などの場合は配送確認が必要になりますし、商品不備などの場合は返品、交換、返金など状況に応じて適切に対応します。またFBAを利用している際はAmazonのカスタマーサポートが対応することになるので、カスタマーサポートへ誘導しましょう。

●テクニカルサポートとの連携

Amazon側への確認などが必要な場合は、すぐにテクニカルサポートに連絡して相談や確認をしましょう。対応記録としても残ります。

●再発防止への対応

クレームの原因は様々ですが、防げるものについては、クレームが再発しないようにすることが大切です。梱包、配送方法の見直しや商品説明の改善など、必要な対策を速やかに実施しましょう。

クレームはできれば来てほしくないものですが、前向きに捉えれば貴重な学びの機会でもあります。また真摯に対応することで、今後の商品やサービスの改善につながることも多いです。クレームが来たときは焦らずに、やれることをやって行きましょう。

8

Amazonマーケットプレイスの問題解決やトラブル対応方法

SECTION 8-3 購入者から支払いがない場合

Amazonマーケットプレイスの出店で、購入者からの支払いが保留になる場合があります。クレジットカードの与信上の問題など、保留になるケースは様々ですが、保留になっている間、出品者は在庫を確保して他に販売できないので、出品者にとってはあまり良いことではありません。

保留注文に遭遇してしまったら

特に嫌がらせの可能性の高い支払保留の注文も起こるときがあるので、ここでは**保留注文**が起きたときの適切な対応方法をお伝えします。

① 注文の決済状態を見る

注文の決済の状態については、セラーセントラルの［注文］→［注文管理］、もしくは［注文］→［注文レポート］で確認できます。

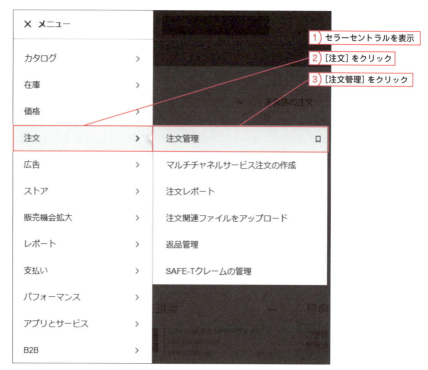

② 注文の決済状態が表示された

注文管理では、支払いが保留されている場合は「保留中」と表示されています。

クレジットカードの場合は、認証が取れなかったり、与信上の理由が多いですが、支払が保留になるケースは**コンビニ決済**のケースに多く発生します。

悪質な件の場合もあるのですが、テクニカルサポートやAmazonのシステムではその保留理由が悪質かどうかまで判断できないので、支払の保留は規約上も、**自動キャンセル**の日まで待つしかありません。（クレジットカード決済の場合は21日間、コンビニ払いの場合は6日間になります。）

キャンセル手続きのデメリットについて

キャンセル手続きをしてしまうと**出品者都合**となり、ペナルティーがあったりパフォーマンスのスコアが落ちるためオススメできません。

やれることとしては、支払の保留が単発で起こるような場合は、偶然であるケースが多いです。その場合は気にしないで大丈夫です。

ただ、保留が連続で起こるような場合は、嫌がらせのケースが考えられます。そう言った場合は資料をまとめてAmazonに報告しましょう。報告することで調査してくれる場合が多くあります。

また、コンビニ払いと言った、支払の保留が発生しやすい決済手段は、決済手段から外してしまうことも一つの方法です。ルールの中でやれる対応をして行きましょう。

SECTION 8-4 発送した商品が購入者に届かない場合

Amazonマーケットプレイスで商品を販売する際、発送した商品がお客様に届かない、といった事態も稀に起こります。お客様から商品が届かない、と言った連絡があった場合、次のように対応して行きましょう。

配送状況の確認

商品が届かないとの連絡を受けたら、まず**配送状況**を確認しましょう。すぐに調べられないときは、お客様には状況へのお詫びと調べる旨の一報を入れておきましょう。

FBAの場合は［**注文管理**］→［**注文の詳細**］で発送日が確認できます。

自身で発送している場合は、配送記録から、配送業者の追跡番号で、配送業者のウェブサイトなどで発送日、荷物の現在地や配達予定日を確認しましょう。

お客様への連絡

FBAの場合はAmazonカスタマーサポートからの案内になるので、お客様はそちらに丁寧に誘導しつつ、必要があればテクニカルサポートに相談しましょう。

自身で発送している場合は、状況を確認したらお客様に状況をお伝えしましょう。配送状況を確認したら、速やかに購入者へ連絡を取りましょう。商品の現在の状況と、予想される到着日を丁寧に説明します。配送の遅延が見込まれる場合は、謝罪の言葉を添えて、状況を報告することが大切です。購入者の不安を和らげ、理解を得るよう努めましょう。

配送業者への問い合わせ

配送状況が著しく遅延していたり、不明な点がある場合は、配送業者へ直接問い合わせをしてみましょう。ウェブサイトなどで記録されていて荷物が止まっている可能性の高い営業所に直接電話してしまうのも早く状況が確認できます。荷物の所在地や、配達の見通しについて確認し、必要に応じて調査を依頼しましょう。

同じ商品の配送の検討

　配送の大幅な遅延や、荷物の紛失などが確認された場合は、同じ商品があれば、そちらを配送することも一つの選択肢です。その場合、在庫の状況を確認し、可能であれば速やかに新しい商品を発送しましょう。紛失して同じ商品の手配が難しい場合、返金対応も視野に入れる必要があります。お客様とも良く相談しましょう。

テクニカルサポートへの報告や相談

　わからない点があればテクニカルサポートに随時報告や相談をしましょう。結果としてパフォーマンススコアが落ちるなどのペナルティーがあるような場合も、きちんとした対応記録が残っていることで、お客様だけではなく、Amazon側にも説明ができます。

　発送した商品が届かないというトラブルは、私たち出店者にとってコントロールしにくい箇所なので、負担になりますが、起こってしまったときは迅速かつ誠実に対応をする必要があります。

　配送トラブルに直面した際は、冷静に状況を客観的に正確に把握して適切に対応して行きましょう。

▲配送トラブルは客観的な情報を基に冷静に対応して行きましょう

SECTION
8-5
返品や交換の リクエストがきた場合

Amazonは創業当初から、顧客第一主義をポリシーとしているので、返品や交換に関してもお客様ファーストを取っています。

FBAで返品や交換を行う場合

FBAを利用する場合は、Amazonの返品や返金の規約やポリシーに従った対応が必要になりますし、自身で発送する場合も独自の返品基準を設けることはできなくはないですが、Amazonには「**Amazonマーケットプレイス保証申請**」と言う、もし出品者から「返金を受け付けない」といった主張があった場合に、購入者を保護する保証制度があるので、元からAmazonの返品ポリシーに準じた対応をした方がトラブルは少なくなります。

Amazon「返品・交換の条件」
https://www.amazon.co.jp/gp/help/customer/display.html?nodeId=GKM69DUUYKQWKWX7

お客様の方から返品する場合

お客様が返品したいときは、Amazonの注文履歴から、「**商品の返品**」を選択して、返品の理由と共に返品を申請します。

商品がしっかりと梱包されていなかった
手持ちのアイテムとの互換性がない
商品に、配送中にできた目立った傷や破損がある
サイト上の説明と違った
注文していない商品が余分に入っていた
商品に不具合または損傷がある
お届け予定日までに届かなかった
注文した覚えがない
間違えて注文した
Amazon.co.jp以外でより安い商品を見つけた
付属品や特典が不足している
注文した商品とは違う商品が届いた
性能や品質が良くない
都合により必要が無くなった

8
Amazonマーケットプレイスの問題解決やトラブル対応方法

お客様が選択できる**返品の理由**には上記のようなものがあります。「都合により必要が無くなった」などお客様都合による理由がありますが、その場合でも商品到着から30日以内は返品対応に応じる必要があります。ある程度はAmazonのルールだと割り切って対応することをオススメします。

　FBAを利用している場合は、Amazonが返品には対応してくれるので、基本お客様からの連絡はありませんが、お客様から連絡があった場合は、Amazonのカスタマーセンターを案内しましょう。

　自身で出荷している場合は、お客様からのキャンセルや返品や交換のリクエストがあったら、理由を確認して、速やかに対応しましょう。

　返品商品を受け取ったら、商品の状態を確認して返金や交換の対応をしましょう。

　特に、お客様都合の返品の場合、納得いかないこともあるかもしれませんが、ポリシーに従って丁寧な対応を心がけましょう。必要な場合はテクニカルサポートに相談することも良い選択です。Amazonのポリシーに沿って誠実に対応して行きましょう。

▲Amazonからお客様への案内にも時間があれば目を通しておきましょう

SECTION
8-6 出品停止、アカウントが停止や削除になった場合

Amazonで商品を販売している際、出品停止、アカウント停止や削除と言った自体が起こることがあります。これらの状況をそもそも招かないようにすることが大事ですが、起こってしまったときは適切な対応をしましょう。

出品停止の場合

商品の出品状態に何かしら規約違反や不備があり、**出品停止**になる場合です。

出品停止状態になったときは、商品ごとに注意の警告マークが出てきます。この場合、すぐに対応すれば大きな問題になることは少ないです。各出品状態の改善フォームや、テクニカルサポートに連絡して対応して行きましょう。

起こりやすい問題としては、出品情報に不備があったり、違反があったときになります。

アカウント停止

Amazonの規約に違反していると判断されたり、パフォーマンス指標のスコアが著しく悪化したような場合、Amazonの**アカウントが停止**される処分が下ることがあります。Amazonのアカウントが停止されると、アカウントが一時的に利用できない状態になります。

アカウント停止になってしまうと、商品の販売ができなくなるだけでなく、売上金の**入金も留保**されてしまうので、即時の対応が必要です。

アカウント停止になる原因はいくつか考えられますが、主に出品している商品に関する何かしらの規約違反や、パフォーマンス指標のスコアが著しく悪化したことに起因するケースが多いので、それを改善してAmazonへアカウント再開への働きかけをして行きましょう。

アカウント停止になると、Amazonから停止の連絡のメールと期限内の改善計画書の提出を求められるので、期限内に**改善計画書**を提出しましょう。通らない場合は再提出

が必要になります。

　改善計画書が承認されるとアカウント停止状態は解除されます。アカウント停止状態から改善計画書が通らずアカウント削除になってしまうケースもありますが、停止状態から元に戻るケースも多いので、万が一、アカウント停止状態になってしまったら、迅速かつ誠実に対応しましょう。

アカウント削除（閉鎖）

　悪質であると判断されたり、アカウント停止状態から改善計画書が承認されなかったり、未提出であると、**アカウントが削除**、閉鎖状態になります。

　アカウントの停止は一時的な制裁として、再開できる可能性は低くないですが、アカウントが削除されてしまうと原則としてアカウントは復活されません。アカウントを削除されると、FBAを利用している場合は、フルフィルメントセンターにある商品は返送もしくは廃棄されます。

　Amazonで出品停止、アカウント停止や削除といった状態になってしまう主な原因は、商品自体の品質、お客様対応やパフォーマンス指標のスコアの悪化が多くあります。きちんと対応していて、何かしらの不備があり出品停止になってしまうような場合は仕方がないですが、こう言った状態になってから正常な状態に戻そうとするより、そもそもこう言った状態にならないように注力することが大切です。

　出品商品、お客様への対応、パフォーマンス指標のスコアには十分気を付けて出店を続けて行きましょう。

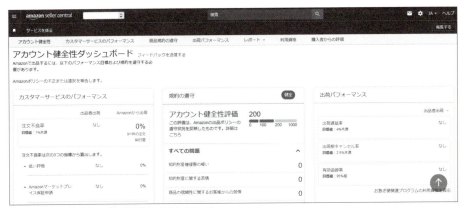

▲アカウントの健全性には常に気を配っておきましょう

213

SECTION 8-7 ベンダーセントラルなどAmazonのサポートについて

Amazonマーケットプレイスでは、FBAで在庫管理や配送を委託することができますが、販売自体もAmazonに委託することができるケースがあります。

販売委託とベンダーセントラルの関係

Amazonに販売を委託する場合は通常のセラーセントラルではなく、**ベンダーセントラル**という管理画面から販売を管理することになります。

ただ、Amazonに販売を委託してベンダーセントラルを利用するには、ブランドを持っていたり、Amazonから承認されている必要があり、出店者全員が利用できるわけではありません。

ベンダーセントラルの利用に関する提案は通常Amazonのベンダー部門から連絡が来て、合意すれば利用が可能になります。

ベンダーセントラルを利用すれば基本はAmazonが販売、在庫管理や配送まで全ておこなってくれるのでとても楽ですが、その分Amazonの販売手数料が通常の場合より多くかかってきます。業務を手放したい場合や先方から提案があり、条件に納得したら導入を検討してみても良いでしょう。

▲Amazon Vendor Central（ベンダーセントラル）

また、Amazonのビジネスサポート部門から、月額契約で個別のサポートを提案されるような場合もあります。

　ビジネスサポート部門のサポートでは、Amazon内部でしか取り扱われていない、通常はアクセスできない情報を情報共有してくれたり、専任の担当者が個別のケースに合わせてアドバイスや提案をしてくれる形になります。

　ある程度、販売が伸びて来たり、大きく事業を成長させて行きたいと考えているのであれば、検討してみても良いでしょう。

SECTION 8-8 確定申告に必要なAmazonマーケットプレイスの書類とは

法人であれば確定申告は必須です。会社員の場合であれば1年間、副業で20万円を超える金額、個人事業主やフリーランスの場合48万円を超える金額の収入がある場合は、確定申告をおこなう必要があります。

確定申告は避けて通れない

Amazonマーケットプレイスからの収入も確定申告をおこなう必要があります。その場合確定申告に必要な書類には次のようなものがあります。

●注文や売上の明細

注文や売上の明細がわかる書類が必要です。「**注文レポート**」などがそれに該当します。セラーセントラルのメニューから［注文］→［注文レポート］と進めば注文レポートを取得することが可能です。

●在庫の評価額と量の明細

期末時点での在庫の評価額を示すために、在庫の明細が必要です。「在庫レポート」などがそれに該当します。セラーセントラルのメニューから［レポート］→［出品レポート］と進むことで在庫レポートを取得できます。

●振込の明細

Amazonからの売上金の入金額の振込の明細が必要です。「ペイメントダッシュボードの記録」や「**トランザクション**」がそれに該当します。セラーセントラルのメニューから［支払］→［**ペイメント**］と進めばレポートを取得することができます。

◀注文レポートの取得画面

●経費関連の明細

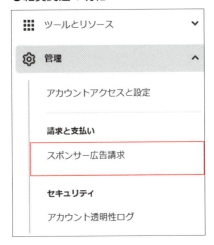

　広告費については、広告キャンペーンマネージャーの[管理]→[**スポンサー広告請求**]と進むことでデータを取得できます。

　その他の仕入れや梱包資材、配送費用など、販売活動に関連する経費の領収書や請求書を保管しておきましょう。これらはインボイス制度に則したものをもらうようにしましょう。経費の計上を裏付けるエビデンスとして使用します。

●その他の必要書類

　個人事業主やフリーランスの場合、**青色申告決算書**や収支内訳書などの書類、法人の場合、**法人税申告書**や勘定科目内訳明細書などの書類が必要になってきます。自分で確定申告をする場合は所轄の税務署と、税理士に依頼する場合は税理士と相談しながら準備しましょう。

　なお、確定申告は税理士に依頼することをオススメします。コストはかかりますが、安心ですし、その分、販売に集中することができます。最近は会社員副業の人向けに専門でサービスを提供している税理士法人もあるので、検討してみましょう。

COLUMN

長期的にブランディングをしていこう

　売上が伸びていないときはまずは商品の販売に注力する必要がありますが、売上がある程度伸びてきたら、あなたの商品やお店のブランドイメージを整えて行きましょう。

　あなたがお客様に持ってもらいたい商品やお店のイメージと、実際にお客様があなたの商品やお店に抱くイメージには、ほとんどの場合、「ズレ」があります。

　そのイメージを一致させていくことを、一般に「ブランディング」と言います。ブランディングしていくことで、あなたの商品やお店がブランド化していきます。ブランド化すると市場における自社のポジションが明確になるので、売上は安定して行きます。

　販売活動と同時に、商品や販売ページ、ストアのカラーや文章などに統一感を持たせて行きましょう。統一感を持たせることで、世界観が出来ていきます。最終的にはそれらブランディングの活動を通して「○○（商品のカテゴリー）なら□□（あなたやあなたの会社の商品）」という状態を作ることができれば大成功です。

　ブランディングをして行くことで、一貫性が生まれてお客様に信頼されるブランドになって行きます。ブランド化することで利益も安定しやすくなるので、長期的にブランディングは常に意識しておきましょう。

COLUMN

ロジカルに運営し、事業を成功に導こう

　本書でもすでにお伝えしたように、Amazonマーケットプレイスの大きな特長の一つが「データが取りやすい」と言う点になります。

　売上に伸び悩んでいるときに重要なことは、すぐに何かをすることではなく、その原因がどこにあるのか、改善点をはじめは仮で良いので、特定して行くことです。データを取得することで、根拠をもって改善点や課題を探して行くことができます。

　もし売上が伸び悩んでいたり、迷ったときは、個々の目先の施策をどうしようか、と悩むよりまず一度、管理画面やレポート画面からデータを取ってみましょう。取っていくデータのポイントは、セッション数、ユニットセッション率、商品単価の他、広告を使っている場合は、インプレッション数、クリック数、クリック単価を中心にまずチェックしましょう。

　これらをチェックして行くことで、具体的な改善点が明らかになることで、課題と施策のミスマッチを防ぐことができます。

　改善点を明らかにせず、やみくもに売上を良くしようと思っても、それで上手く行くこともなくはないですが、ほとんどの場合、ピント外れの施策を実施してしまいがちで、効果も出ません。病気になったとき、頭が痛いのに、胃腸薬を飲んでも治らないのと同じです。課題に対して適切な対策を取ることが何よりも大事です。

　データをしっかり取り、現状の改善点や課題を正確に把握し、お客様の気持ちになって販売ページ、導線や対応を見直してみて、論理的に有効な施策を実施して行きましょう。

CHAPTER 9

未来のAmazonマーケットプレイスはこうなる！

SECTION
9-1
オリジナリティのある商品であることがお客様から選ばれる鍵になる

未来のAmazonマーケットプレイスでは、更に参入者が増え、競争が激化して行くことでしょう。そんな中、せどりの場合は、引き続き売れている商品かつ出品者が少ない商品を扱って行けば、市場自体は大きくなって行っているので、継続して利益を上げて行けるでしょう。

OEM商品はオリジナリティがポイント

一方で、自社商品やOEM商品を扱う場合は、お客様から選ばれるために「オリジナリティ」のある商品を扱って行くことが非常に重要です。

現在でもAmazonの検索窓で、あるキーワードで検索をかければ多くの場合、類似の商品がズラッと並びます。類似の商品がある、と言うことは市場のニーズがあると言うことなので、商品が売れる可能性は高くなります。

一方で、そう言った類似の商品の中で同じような商品を扱ってしまうと埋もれてしまって商品が売れづらくなります。ですので、埋もれないでお客様に選んで購入してもらうためにはオリジナリティ、独自性を打ち出して「差別化」して行くことが必要になってきます。

オリジナリティがある商品を扱うメリット

オリジナリティがある差別化された商品を扱うことで、次のようなメリットがあります。

●差別化による販売機会の拡大

類似の商品が多い場合、一定のお客様の層を競合相手と取り合う形になります。一方で差別化されている場合はお客様の層が被ることが減り、また新たな顧客層へリーチ、販売機会を拡大して行くことができます。

●価格競争からの脱却

同じような類似の商品の価格は似たり寄ったりになり、価格競争に陥りやすくなります。オリジナリティがある差別化された商品を扱う場合、他の出店者と競合することが少なくなるため、価格競争を避けることができます。適切な価格設定により、安定した利

9

未来のAmazonマーケットプレイスはこうなる！

益率を維持することが可能です。

● **ブランド価値の構築**

　ある程度すでに認知されているブランドの場合、そのブランドの商品であること自体がオリジナリティとなり差別化されているケースもありますが、Amazonマーケットプレイスでの出品の多くの場合は、世の中にまだその商品のブランドが認知されていない状態でしょう。

　そう言ったとき、ユニークなデザイン、高品質な素材、優れた機能性、**ブランドのストーリー**と言ったものを持つオリジナリティのある商品がAmazonマーケットで販売されることによって、ブランド価値を高めることができます。強いブランド力はお客様のロイヤリティを高め、購入につながりやすくなります。

● **模倣品リスクの低減**

　人気商品は、模倣品の標的になりやすい傾向があります。そう言ったとき、オリジナリティのない商品であると、簡単に真似されやすくなります。簡単に真似される商品だと、簡単に競合商品がライバルとして参入してきます。

　一方で、こだわって製作しているオリジナリティのある商品は簡単には真似できません。模倣品の作成しづらいので、模倣品の標的になるリスクを低減することができます。

　未来のAmazonマーケットプレイスでは、参入者が更に増え、多くの出店者が類似の商品を販売して行く状況が更に加速するでしょう。そう言った環境下で安定して利益を上げて行くためにも、オリジナリティのある商品を扱って行くようにしましょう。

▲その他多数から脱却してオリジナリティを出して行きましょう

SECTION
9-2
モノ消費よりコト消費の商品やアイテムが選ばれる

近年、EC サイトやオンラインショップの増加による、消費者のオンライン上の消費行動の増加やそれに伴う価値観の変化によって、モノ消費からコト消費へのシフトが進んでいると言われています。

現代のトレンドは「コト消費」関連商品

モノ消費とは商品の「所有」に価値を見出す消費行動で、「**コト消費**」とは商品やサービスを購入したことで得られる「体験」に価値を見出す消費行動のことです。

お客様は単純に商品を手に入れることだけに興味を持つのではなく、商品を購入することで得られる「体験」を重視するようになって来ています。その商品の出来上がる背景、プロセスやストーリーに興味を持ったり、購入前には動画などでその商品やサービスの使い方をより鮮明にイメージしたいと考えています。

このように**EC サイト**や**オンラインショップ**は単に商品を並べる「売り場」から、商品やブランドの世界観を「体験」できる場所へとシフトして行っているのですが、Amazonマーケットプレイスでもこの流れが強まって行くことが考えられます。

パッケージデザインやブランディングが重要になる

現在もサブ画像の一部やプレミアムA＋に動画を上げることができますが、今後、販売ページに動画を活用できる箇所が増える可能性は高いと思います。**パッケージデザイン**やブランドストーリーなども、更に重要な要素となって行くでしょう。

商品はただ「機能性」だけが比較される対象ではなく、「世界観」を持つ特別な存在になります。選ばれるためには商品そのものを磨くことはもちろん、商品ページでも、使用しているシーンの画像や動画や、感性に訴求する言葉など、体験を視覚や聴覚で魅力的に伝える必要があります。

Amazonマーケットプレイスの出品でも、商品を通した「体験」を意識した商品の選定と、その体験や価値を十分に伝える販売ページづくりが、今後更に重要なキーになって来るでしょう。

SECTION 9-3
生成AIによる
出品作業の効率化

2023年のChat GPTやClaudeなどの生成AI（Generative AI / ジェネレーティブエーアイ）の登場が大きくニュースになったのは記憶に新しいところだと思います。

Amazonマーケットプレイスにも AIの波がやって来る

従来のAIが、学習済みのデータの中から適切な回答を探して提示することができたのに対して、生成AIの特長はそれを基にAI自らが学習を重ね、人間が与えていない情報やデータもインプットし「新たなデータやコンテンツを生み出すことができる」ことです。

ECサイトやオンラインショップの運営でも商品説明文の作成などで、すでに生成AIの利用が始まっています。生成AIの利用によって販売ページの最適化や出品作業の自動化など、作業を大きく効率化することが可能です。

Amazonマーケットプレイスでも出品作業の効率化は出店者にとって大きな課題の一つです。Amazonはマーケットプレイス向けに、購入商品のインスピレーションをもたらすAIツールの開発を密かに進めていると言われています。

生成AIがもたらすAmazonマーケットプレイスの未来

今後可能性のある生成AIの導入によって次のような未来が考えられます。

●商品登録の自動化

生成AIを活用することで、商品情報の自動入力や説明文の自動作成が考えられます。A+の作成にも生成AIが使えるようになるかもしれません。また大量の商品登録をおこなう際、現在の**CSV**によるアップロードにくらべて自動入力により大幅な時間短縮ができるようになるかもしれません。

●販売ページの最適化

商品登録の自動化ともつながりますが、販売ページのチェックのみならず、その修正案を生成AIがつくってくれることが考えられます。

9 未来のAmazonマーケットプレイスはこうなる！

●**価格設定の助言**

　商品の**価格設定**について、単純な競合商品との価格のみの比較だけではなく、市場の需要予測の分析、商品の中身やお客様への提供価値を加味した情報を基に検討し、考案した精度の高いアドバイスをくれるようになって行くでしょう。

●**在庫管理の最適化**

　現在も在庫量についてAmazonのAIがアドバイスをくれてますが、例えば、ブラックフライデーやプライム感謝祭といったビッグセールの前には更に多めの在庫量を提案してくれるなど、より精度が高い実際の現場や施策にマッチした施策を提案してくれるようになるでしょう。

●**カスタマーサポートの自動化**

　生成AIを活用したチャットボットなどにより、**カスタマーサポート**の自動化が進んで行くでしょう。生成AIは定型文の返答ではなく、課題を解決するために考えた回答をお客様に返して行くので、生成AIが担当できる業務範囲は広がって行くことが考えられます。

　生成AIの活用による出品作業の効率化は私たちAmazonマーケットプレイスの出店者にとって生産性を大幅に向上させる可能性を秘めています。上記に挙げた業務が自動化されることで人的なリソースを他の活動に振り向けることができます。また生成AIによる予測や分析は意思決定の質も高めてくれるでしょう。生成AIを使いこなせるか否かで出店者によってパフォーマンスも大きく変わってくることが予想されます。

　今後のAmazonマーケットプレイスの動向に注視して、上手に対応して行きましょう。

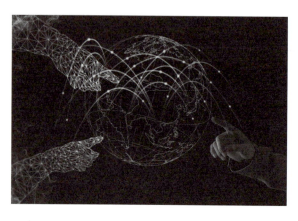

SECTION
9-4
商品発送や物流の進歩

現在でもAmazonマーケットプレイスで注文した商品はAmazon FBAを活用していれば迅速に、かつ綺麗な状態でお客様に届きますが、商品発送や物流は今後更に進歩して行くことが予想されます。

Amazon FBA の未来像について

　Amazon FBAについては、私たち出店者が直接関わることは少ないと思いますが、今後予想される動きをいくつかご紹介します。

●ロボティクスの活用

　Amazon FBAの**物流センター**では、**ロボティクス技術**を活用した自動化が進んでいます。自律型ロボットが、棚から商品を取り出し、梱包エリアまで運搬します。ロボティクスの活用により、商品の取り出しと梱包のスピードが更に向上して行くでしょう。

●AIの活用

　前セクションでご紹介した生成AIを含む、AIを活用した在庫管理システムにより、更に在庫管理がスムーズになって行くでしょう。特に過去の販売データや季節性、イベントなどの要因を分析し、最適な在庫量の予測の精度が上がり、出店者側に情報提供がされれば、繁忙期の混雑も緩和され、スムーズで効率的な在庫管理が実現して行くでしょう。

●梱包システムの最適化

　Amazon FBAの物流センターでは自動化された梱包システムにより、梱包作業の効率化が進んでいますが、更にその精度やスピードも上がって行くでしょう。現在は商品に比べて大きすぎる箱で届いたり、その逆のケースなどもありますが、商品のサイズや形状に合わせて最適な箱を選んだり、またエラーの起こる確率が下がって行くでしょう。

●ドローンや自動運転車による配達

　Amazonでは、アメリカやヨーロッパで、ドローンを活用した配送サービスの実現に向けた取り組みが進められています。アメリカの一部地域では、**Prime Air**と呼ばれる**ドローン配送**サービスが始まり、2024年の後半にはアメリカの他の地域や、イタリアや英

9

未来のAmazonマーケットプレイスはこうなる！

国でサービスをスタートさせると言われています。

　また、日本でAmazon以外の業者で始まっている自動運転車による配送ですが、Amazonの子会社には自動運転車の会社もあり、こちらも一般的になってくれば導入される可能性が高いでしょう。

●リアルタイム追跡機能
　配送サービスの技術向上により、お客様がリアルタイムで配送状況を追跡できるようになってくる未来も想像できます。Amazonマーケットプレイス上でも、GPSやIoT技術の活用で、商品の位置情報をリアルタイムで追跡できるようになってくるかもしれません。

　Amazon FBAの商品発送や物流の進歩は、ユーザーにとっては利便性があがるので、私たち出店者にとっても大きなメリットをもたらすでしょう。

9 ブロックチェーンの導入

未来のAmazonマーケットプレイスはこうなる！

　ブロックチェーンとは、ブロックと呼ばれる単位でデータを管理して、チェーン（鎖）のように連結してデータを保管する技術のことです。金融取引履歴などで利用されている技術で、有名なものだと仮想通貨などで使われており、ネットワーク上にある端末同士をダイレクトに接続し、暗号技術を用いて取引の記録を分散的に処理、記録しています。

　ブロックチェーンは一度データを書き込むと上書きができなかったり、1ヶ所にまとめてデータを管理するのではなく、分散して管理するデータベースのため、不正や改ざんがしにくい、というメリットがあります。

　一方で、技術的に複雑だったり、法的な規制が整備されていないこと、また、導入コストがかかり過ぎる、などのデメリットもあり、金融業界以外は世の中にはまだ浸透していないのが現状です。

　ただ、今後の技術革新や法的な整備によって、時期はわかりませが、そう遠くない未来にAmazonマーケットプレイスにもブロックチェーン技術が導入されていく可能性もないとは言えません。導入された場合、次のようなメリットがあると考えられます。

●サプライチェーンの最適化
　ブロックチェーンを用いて商品のトラッキングをおこなうことで、サプライチェーン

（商品提供までの一連の流れ）全体の可視化と効率化が実現しやすくなるでしょう。在庫管理の最適化や無駄の削減も期待できます。

●偽造品や詐欺的な行為の減少
　ブロックチェーン上の取引は一度書き込むことと上書きができないので、不正や改ざんができない、また全て追跡可能なので、商品の流通経路や取引の信頼性や正当性が担保されるので、偽造品や詐欺的な行為が減少することが考えられます。

●新たな決済手段やインセンティブなどの創出
　現在の決済に加えて、新たな決済手段が加わることのほか、ブロックチェーン技術を利用して発行される**暗号資産**（トークン）を活用することで、お客様へのインセンティブの付与や新たな形態のサービスが考えられる可能性もあるでしょう。

●著作権管理への活用
　コピーが容易なデジタルデータに対し、ブロックチェーンを活用することで、デジタルコンテンツの著作権管理を強化することができます。著作権情報をブロックチェーン上に記録することで、デジタルコンテンツの不正利用を防止します。現在はデジタルアートなどで一部のサイトのみで購入可能な**NFT**（Non-Fungible Token：非代替性トークン）もAmazonで売買できるようになる可能性もあります。

　前述の通り、ブロックチェーン技術は、技術的に複雑だったり、法的な規制が整備されていなかったり、また現状導入コストがかかり過ぎるので、すぐではないでしょうが、技術革新のスピードも昔に比べると格段に上がっています。
　Amazonがブロックチェーン技術をどのように活用していくかは、Amazonの今後の動向に注目して行きましょう。

リアル店舗とOMO(Online Merges with Offline)
　Amazonだけに限らず、ECサイトとリアル店舗の連動、**OMO**(Online Merges Offline)の施策に力を入れている事業者が増えています。OMOとは、オンラインとオフラインの融合を意味し、ECサイトやオンラインストアとリアルな実店舗が連動することで、相乗効果を生み出すことを目的としています。

　AmazonもOMOに力を入れていて、お客様がレジを通さずに決済ができる、コンビニエンスストアのようなAmazon Goという店舗や、食料品を主に扱うスーパーのようなAmazon Freshといった店舗をアメリカで数十店舗、イタリアやイギリスで数店舗展開しています。

9

未来のAmazonマーケットプレイスはこうなる！

これらの店舗ではお客様は**QRコード**をかざすことで入店して、店舗はカメラやセンサーを使ってお客様の行動を自動追跡し、お客様は商品レジを通さずに店を出て買い物を完了することができます。手に取った商品もカメラで撮影することによりAIで識別することができます。

　これらのリアル店舗はAmazonが当初想定したよりは、2020年のコロナウィルスの影響などもあり、増えてきてはいませんが、リアル店舗を活用することで次のようなAmazonマーケットプレイスとの相乗効果も考えられるので、Amazonの今後の展望が注目されています。

●ショールーミングとしての活用
　リアル店舗をショールームとして活用することで、お客様に商品を実際に体験してもらうことができます。お客様は商品を手に取って確認した上で、Amazonマーケットプレイスでの購入を検討することができるので、オンラインでは伝えきれない商品の魅力を訴求することが可能です。

●店舗スタッフやロボットなどによる商品説明や信頼構築
　リアル店舗であれば、スタッフやロボットによる詳しい商品説明やお客様とのやり取りが可能です。お客様は商品について直接質問することができるので、購入の可能性が高まります。また店舗スタッフとの対面コミュニケーションにより、お客様との信頼関係を構築することも可能です。
　また、商品についてお客様からリアルなフィードバックがもらえるので、商品の改善にも役立つでしょう。

●イベントの開催
　また、リアル店舗であれば、イベント開催も可能です。新商品発表会やワークショップなどのイベントを通じて、お客様とのつながりを強化することもできます。また、イベントの様子をオンラインで発信すれば、オンラインとオフラインの相乗効果を生み出すことも可能です。

●クリック＆コレクトの導入
　クリック＆コレクトとは、ECサイトやオンラインショップで商品を購入し、リアルの店舗やドライブスルーなど、自宅以外の場所で商品を受け取るようにするショッピングのスタイルと、その仕組みのことを言います。クリック＆コレクトを導入することで、お客様は都合の良い時間に商品を受け取ることができて、販売者としてはお客様のついで買いが期待できるメリットがあります。

Amazonのリアル店舗やOMOの施策が進めば、Amazonマーケットプレイスでもクリック&コレクトの導入可能性が高まるでしょう。

　日本ではまだAmazonのリアル店舗はありませんが、このようにAmazonにとってもOMOへの取り組みは更なる成長への可能性に満ちています。OMO施策を打つことで他社との差別化を図ることもできるので、日本で導入される場合は、柔軟に対応して行きましょう。

9　未来のAmazonマーケットプレイスはこうなる！

SECTION 9-5 グローバル展開とローカライズ

Amazonマーケットプレイスは現在世界17か国で展開されていますが、グローバル化が進み更に多くの国々で展開されて行くことが予想されています。国境を超えて商品を販売する越境ECも更に増えて行くことが考えられ、日本だけではなく世界へ商品を販売して行く事業者も増えて行くでしょう。

Amazonがおこなっているローカライズの中身

　グローバル展開の際に重要になってくるのが**ローカライズ**です。ローカライズとは、各国や地域の文化や嗜好に合わせて商品やサービスを適応させることを指します。日本には日本独自の文化や嗜好があるように、世界の他の国々にもそれぞれ文化や嗜好があります。

　Amazonではすでに**GS1事業者コード**を使えば、すぐに同じ商品を各国のAmazonに出品できたり、各国のAmazon FBAを活用できる仕組みや、システム画面やレビューなど一部、自動翻訳の仕組みなどがありますが、システムやAIがますます今後各国に合わせたローカライズを代わりにやってくれるようになるでしょう。

　特に、商品ページのローカライズについては、元々の商品ページに登録されている言語を基に、各国・地域の言語に自動翻訳されるようになることが可能性として考えられます。また生成AIにより不自然な言語ではなく、現地の文化や習慣に合わせた自然な文章が作成されるようになって行く可能性が高いでしょう。

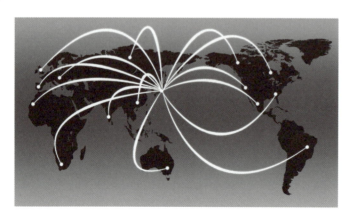

SECTION 9-6 変わるところと変わらないところ 商品を販売することの本質

このCHAPTERでここまで見て来たように、Amazonマーケットプレイスでの販売は、テクノロジーの進歩や消費者の行動の変化に伴い、常に変化し続けています。一方で、商品を販売することの普遍的な本質、時代が変わっても変わらない原則があります。

Amazonの不変の経営理念

Amazonマーケットプレイスの出店者は商品やAmazonを通じて、お客様の課題を解決したり、喜びを提供したり、お客様が価値を感じる商品や体験を提供することが役割です。以下にその本質や原則を見て行きましょう。

●価値の提供

お客様のニーズに応えて、また期待以上の価値を提供することで、販売や商売が成功することは時代が変わっても変わりません。お客様の満足度をとことん考えて、お客様との接点である商品、梱包、対応などの質にこだわって行きましょう。

●顧客ニーズの理解や創出

お客様に価値を提供するためには、お客様の元々もっているニーズを深く理解すること、もしくはニーズをつくり出す必要があります。そのためには市場の調査や販売データの分析など、お客様のことを理解することを常に意識して取り組んで行きましょう。

●オリジナリティのある商品やブランド

お客様に価値を感じてもらうためには、他の出店者が提供していないオリジナリティのある商品やブランドを提供して行くことが重要です。他にもあるような商品やブランドを提供する場合は、価格競争に陥ることを覚えておきましょう。

●信頼関係の構築

お客様との信頼関係の構築は販売や商売の土台、基礎になります。商品やお店のレビュー、商品情報の正確性、問い合わせへの迅速な対応や、トラブル時の誠意ある対応など、誠実なコミュニケーションを心がけましょう。

9 未来のAmazonマーケットプレイスはこうなる！

●継続的な改善

　継続的な分析、見直し、改善は、長期的に商売や販売活動を続けて行くためには必須です。市場の動向やお客様の嗜好も常に変化しています。同じ商品を扱う場合でも、見せ方や売り方を考え直したりすることも必要になってきます。

　特に、Amazonマーケットプレイスは販売のデータを取りやすいので、データの分析や業務プロセスなど常に改善を考えて行きましょう。

　Amazonマーケットプレイスでの販売は、テクノロジーの進歩や消費者の行動の変化に伴い、常に変化し続けていますが、一方で、商品を販売することの本質は不変です。出店者として大事なことは、変化への適応と普遍的な原則の双方をバランスを取りながら追及して行くことです。

　お客様への価値提供をまず考えながら、取り組んで行くことが長期的な成功への第一歩です。

おわりに

「Amazonの出品、難しくて良くわからない・・・」

日本でAmazonマーケットプレイスが始まってからずいぶん日がたちますが、Amazonでの「買いやすさ」に比べて、「売りやすさ」はまだまだハードルが高いと感じています。

今もAmazonの販売の仕方が良くわからないといった声もしばしば耳にしますし、Amazonの販売が難しくてやめてしまった、と言ったような話を聞くと、とても残念な気持ちになります。

一方で、世の中にはAmazonを活用したビジネスの解説本、というのは多くありますが、Amazonの出店や出品のやり方にフォーカスしたわかりやすい本、と言うものがとても少ないです。

私自身、Amazonマーケットプレイスの出店は、長年、実際に一つ一つやりながら覚えて行ったような形でした。特に初心者のころ、体系的に説明してくれる簡単でわかりやすい解説書があればいいのになあ、と思っていたのを良く覚えています。

本書では初心者の方でも、Amazonの出店について体系的にわかって、スムーズに出品、販売して行ける。そんな「**リアルに使える**」本を目指しました。

本書がキッカケでAmazonマーケットプレイスへの出店のハードルが低いものに感じられ、

「やってみよう！」

そんな挑戦する人や企業さんが、日本で増えれば、とてもうれしく思ってい

ます。

　本書を書くきっかけとなった、スマイリー・ジャーニー代表の鈴木絢市郎さん、本書の作成にご尽力いただいた秀和システム編集者の金澤学さん、改めて貴重な機会をありがとうございました。

　また、クライアントの皆様、仕事のパートナーや普段関わってくださる方々、友人、家族の皆様、いつもありがとうございます。日頃の皆さんの支えや暖かい応援で本書を書き切れたと思っています。

　そしてここまで読んでくださった読者のあなた様、貴重なお金やお時間を使って本書を手に取っていただきありがとうございます。

　Amazonマーケットプレイスを通じて、あなたの商品やお店がワクワクする未来を創っていくことを楽しみにしています。

All the best,

大上達生

INDEX

英字

A＋	90
A＋コンテンツ	93
ACOS	169
Amazon	16
Amazon Vine	150、173
Amazon広告	185
Amazonジャパン	18
Amazon出品サービス手数料	66
Amazon出品大学	200
Amazonテクニカルサポート	198
Amazonの規約	96
Amazonの承認	94
Amazonプライム	16、37、48
Amazonプライム会員限定割引	130
Amazonブランド	50
Amazonブランド管理機能	146
Amazonブランド登録	146
Amazonブランドレジストリー	146
Amazonマーケットプレイス	17、39
Amazonマーケットプレイス保証申請	210
Amazonランキング	195
Anker	33
APN	47
ASIN	100
ASINコード	139
AWS	16、47
BtoC	36
ChatGPT	201
Claude	201
CSV	223
CVR	172
ebay	191
EC	36
ECコンサルタント	200
ECサイト	117、222
FBA	21、32、42、69、134、205、210
FBA]対応シール	111
FBA倉庫	95
FBAマルチチャンネル	50
FCサイト	50
GS1JAPAN	86
GS1事業者コード	82、87、230
Instagram	191
JANコード	86
KPI	163
NFT	227
OEM	73
OEM商品	220

OMO	227
PDCAサイクル	186
Prime Air	225
Q10	191
QRコード	228
ROAS	169
SEO	119
SEO対策	30
SKUラベル	110
SNS	131
YouTube	131

ア行

アウトソーシング	194
青色申告書	217
アカウント健全性	143
アカウント削除	143、213
アカウント停止	29、143、212
アクション	26、157
アクションプラン	164
アップデート	63、202
アリエクスプレス	71
暗号資産	227
違反を報告する	138
医療機器	65
インデックス	134
インフルエンサー	131
インプレッション	128
ウォルマート	54
売上向上	167
エクセル	141
エビデンス	93
エラーメッセージ	204
欧米輸入せどり	72
大型セール	130
大口出品	57
大口出品者	141
大手家電量販店	71
オートターゲティング	125
オリジナル商品	30、99
オリジナル商品販売	24
卸売りサイト	71
オンラインショップ	222

カ行

改善計画書	212
外注	194
回答	115

ガイドライン 94	出品禁止商品 65
開発ストーリー 166	出品者情報 104
外部のサイト 131	出品制限商品 65
価格競争 103	出品都合 207
価格設定 98、103、224	出品停止 97、143、212
価格変更 102	出品用アカウント 22、60
確定申告 56	商標登録 146
カスタマーサービス 32	商品紹介コンテンツ管理 91
カスタマーサポート 42、224	商品説明 118
カスタマーレビュー 136	商品説明の強化 92
カタログ 78	商品タイトル 117
カテゴリー 39、58	商品の出品 88
カテゴリー特化 183	商品の返品 210
カテゴリーの相場 165	商品バリエーション 184
キーワード 173	商品ラインナップ 149
基本成約料 57	商品レビュー 159
規約違反 97	ショッピングモール 48
競合商品 103	審査 59
クーポン 23、129	新商品投入 187
クオリティ低下 187	スーパーマーケット 71
クリック 168	スキャナー 86
クリック&コレクト 228	スクリーンショット 204
クリック課金 124	スコア 29
クレーム 29、204	ストアページ 148
黒字化 153	ストア名 112
月額登録料 57	スプレッドシート 141
検索アルゴリズム 119	スポンサー広告請求 217
検索エンジン 133	スポンサーディスプレイ広告 44
検索キーワード 118	スポンサーブランド広告 44、189
検索用キーワード 134	スポンサープロダクト広告 30、44、122
現実のギャップ 156	スマートフォン 76
公開の返信 136	生成AI 201、223
広告キャンペーン 168	成約率 161
広告グループ 126	セール 23、170
小口出品 20、57	セールスポイント 64、117、160
個人向けアカウント 56	セカンドオピニオン 200
コストを下げる 153	せどり 24、64
コト消費 222	セラーセントラル 42、46、61、99
コレクター商品 84	全在庫の管理 142
コンビニ決済 207	

サ行

在庫管理 95、154	
在庫切れ 95	
サジェスト 133	
差別化ポイント 93	
サポートサービス 47	
自社製品 220	
市場の変化 101	
自然検索経由 123	
質問内容を分析 116	
自動キャンセル 207	
自動的に発送 78	
集客数 161	
出品アカウント 104	

タ・ナ行

ターゲットの設定 125
タイムセール 130
タオバオ 71
単価 161
チャージバック申請 144
注文管理 100、208
注文の詳細 208
注文レポート 100、216
長期的な視点 162
ツール 193
テクニカルサポート 98、138
手数料 66
テスト出品 70
テスト販売 70

デメリット………………………28	ヘルプページ………………………198
動画広告………………………189	ベンダーセントラル………………214
動画コンテンツ………………149	返品………………………29
動的な入札………………127	返品の理由………………211
特定の商品………………183	ポイントアップ………………170
トップ画面………………39	法人税申告書………………217
トランザクション………………216	法人向けアカウント………………56
ドローン配送………………225	保証申請………………144
偽ブランド品………………65	保留注文………………206
入金留保………………212	本人確認書類………………59
入札額………………169	
認知度向上………………167	

マ・ヤ行

ネイティブスピーカー………………196	マーケティングツール………………45
	マイナスの評価………………144

ハ行

バーコード情報………………110	マイナスポイント………………145
配送サービス………………226	マニュアルターゲティング………………125
配送状況………………208	メイン画像………………118
爆発物………………65	メニュー………………62
パッケージデザイン………………222	メリット………………28
発送形態………………82	モジュールの追加………………92
発送通知………………109	モチベーション………………157
パフォーマンス………………136	モニタリング………………98
バリエーション………………139	モノ消費………………222
販売価格………………69、82	輸出………………24
販売実績………………101	ユニットセッション率………………125、173
販売手数料………………27	輸入………………24
販売パフォーマンス………………175	よくある質問………………115

販売ページ………………82、102、114、166	

ラ・ワ行

ビジネスサポート部門………………215	ライセンス………………74
ビジネスレポート………………100	ライバル………………158
ビッグセール………………45、95	ラインナップ………………184
ビッグフライデー………………174	楽天市場………………127
フィードバック………………136	ランキング………………33
フィルフィメントセンター………………108	リードタイム………………95、174
フィルフィメントチャンネル………………84	リーフノード設定………………82
フォーラム………………46、198	リクエスト………………78
複数のアカウント………………98	リサーチ不足………………185
物流センター………………225	リストアップ………………158
プライム感謝祭………………45、174	リピーター………………27
ブラウズノード………………88	ルール………………27
ブラックフライデー………………45	レクチャー………………202
ブランディング………………112	レビュアー………………151
ブランド審査………………147	レビュー………………37、78、136
ブランドストーリー………………149、221	レビュー件数………………134
ブランド登録………………146	レビュー内容………………152
ブランドレジストリー………………147	レビューの不正操作………………186
ブランド割引………………130	ローカライズ………………230
プレミアムA＋………………94	ログイン………………61
ブロックチェーン………………226	ロボティクス技術………………225
プロモーション………………129、132、170	割引プロモーション………………44
ペイメント………………216	
ペナルティー………………114	
ベネフィット………………93	
ヘビーユーザー………………20	

■デザイン＆ DTP

金子　中

■本書で使用しているパソコンについて
本書は、インターネットやメールを使うことができるパソコン・スマートフォン・タブレット
を想定し手順解説をしています。
使用している画面やプログラム・サービスの内容は、各メーカーの仕様により一部異なる場合
があります。各パソコン等の機材の固有の機能については、各機材付属の取扱説明書をご参考
ください。

■本書の編集にあたり、下記のソフトウェアを使用しました
Windows 11 で操作を紹介しております。そのため、他のバージョンでは同じ操作をしても画面
イメージが異なる場合があります。また、お使いの機種（パソコン・タブレット・スマートフ
ォン）によっては、一部の機能が使えない場合があります。

■注意
(1) 本書は著者が独自に調査した結果を出版したものです。
(2) 本書は内容について万全を期して作成いたしましたが、万一、ご不備な点や誤り、記載漏
れなどお気付きの点がありましたら、出版元まで書面にてご連絡ください。
(3) 本書の内容に関して運用した結果の影響については、上記(2)項にかかわらず責任を負いか
ねます。あらかじめご了承ください。
(4) 本書の全部、または一部について、出版元から文書による許諾を得ずに複製することは禁
じられています。
(5) 本書で掲載されているサンプル画面は、手順解説することを主目的としたものです。よって、
サンプル画面の内容は、編集部で作成したものであり、全て架空のものでありフィクショ
ンです。よって、実在する団体および名称とはなんら関係がありません。
(6) 商標
Windows 11 は米国 Microsoft Corporation の米国およびその他の国における登録商標または
商標です。
その他、CPU、ソフト名、サービス名は一般に各メーカーの商標または登録商標です。
なお、本文中では ™ および ® マークは明記していません。
書籍の中では通称またはその他の名称で表記していることがあります。ご了承ください。

デメリット‥‥‥‥‥‥‥‥‥‥28	ヘルプページ‥‥‥‥‥‥‥‥‥ 198
動画広告‥‥‥‥‥‥‥‥‥‥ 189	ベンダーセントラル‥‥‥‥‥‥ 214
動画コンテンツ‥‥‥‥‥‥‥ 149	返品‥‥‥‥‥‥‥‥‥‥‥‥29
動的な入札‥‥‥‥‥‥‥‥‥ 127	返品の理由‥‥‥‥‥‥‥‥‥ 211
特定の商品‥‥‥‥‥‥‥‥‥ 183	ポイントアップ‥‥‥‥‥‥‥ 170
トップ画面‥‥‥‥‥‥‥‥‥‥39	法人税申告書‥‥‥‥‥‥‥‥ 217
トランザクション‥‥‥‥‥‥ 216	法人向けアカウント‥‥‥‥‥‥56
ドローン配送‥‥‥‥‥‥‥‥ 225	保証申請‥‥‥‥‥‥‥‥‥‥ 144
偽ブランド品‥‥‥‥‥‥‥‥‥65	保留注文‥‥‥‥‥‥‥‥‥‥ 206
入金留保‥‥‥‥‥‥‥‥‥‥ 212	本人確認書類‥‥‥‥‥‥‥‥‥59
入札額‥‥‥‥‥‥‥‥‥‥‥ 169	
認知度向上‥‥‥‥‥‥‥‥‥ 167	
ネイティブスピーカー‥‥‥‥ 196	

ハ行

マ・ヤ行

バーコード情報‥‥‥‥‥‥‥ 110	マーケティングツール‥‥‥‥‥45
配送サービス‥‥‥‥‥‥‥‥ 226	マイナスの評価‥‥‥‥‥‥‥ 144
配送状況‥‥‥‥‥‥‥‥‥‥ 208	マイナスポイント‥‥‥‥‥‥ 145
爆発物‥‥‥‥‥‥‥‥‥‥‥‥65	マニュアルターゲティング‥‥‥ 125
パッケージデザイン‥‥‥‥‥ 222	メイン画像‥‥‥‥‥‥‥‥‥ 118
発送形態‥‥‥‥‥‥‥‥‥‥‥82	メニュー‥‥‥‥‥‥‥‥‥‥‥62
発送通知‥‥‥‥‥‥‥‥‥‥ 109	メリット‥‥‥‥‥‥‥‥‥‥‥28
パフォーマンス‥‥‥‥‥‥‥ 136	モジュールの追加‥‥‥‥‥‥‥92
バリエーション‥‥‥‥‥‥‥ 139	モチベーション‥‥‥‥‥‥‥ 157
販売価格‥‥‥‥‥‥‥‥ 69、82	モニタリング‥‥‥‥‥‥‥‥‥98
販売実績‥‥‥‥‥‥‥‥‥‥ 101	モノ消費‥‥‥‥‥‥‥‥‥‥ 222
販売手数料‥‥‥‥‥‥‥‥‥‥27	輸出‥‥‥‥‥‥‥‥‥‥‥‥‥24
販売パフォーマンス‥‥‥‥‥ 175	ユニットセッション率‥‥‥ 125、173
販売ページ‥‥‥‥‥ 82、102、114、166	輸入‥‥‥‥‥‥‥‥‥‥‥‥‥24
ビジネスサポート部門‥‥‥‥ 215	よくある質問‥‥‥‥‥‥‥‥ 115
ビジネスレポート‥‥‥‥‥‥ 100	
ビッグセール‥‥‥‥‥‥ 45、95	
ビッグフライデー‥‥‥‥‥‥ 174	

ラ・ワ行

フィードバック‥‥‥‥‥‥‥ 136	ライセンス‥‥‥‥‥‥‥‥‥‥74
フィルフィメントセンター‥‥‥ 108	ライバル‥‥‥‥‥‥‥‥‥‥ 158
フィルフィメントチャンネル‥‥‥84	ラインナップ‥‥‥‥‥‥‥‥ 184
フォーラム‥‥‥‥‥‥‥ 46、198	楽天市場‥‥‥‥‥‥‥‥‥‥ 127
複数のアカウント‥‥‥‥‥‥‥98	ランキング‥‥‥‥‥‥‥‥‥‥33
物流センター‥‥‥‥‥‥‥‥ 225	リードタイム‥‥‥‥‥‥ 95、174
プライム感謝祭‥‥‥‥‥ 45、174	リーフノード設定‥‥‥‥‥‥‥82
ブラウズノード‥‥‥‥‥‥‥‥88	リクエスト‥‥‥‥‥‥‥‥‥‥78
ブラックフライデー‥‥‥‥‥‥45	リサーチ不足‥‥‥‥‥‥‥‥ 185
ブランディング‥‥‥‥‥‥‥ 112	リストアップ‥‥‥‥‥‥‥‥ 158
ブランド審査‥‥‥‥‥‥‥‥ 147	リピーター‥‥‥‥‥‥‥‥‥‥27
ブランドストーリー‥‥‥ 149、221	ルール‥‥‥‥‥‥‥‥‥‥‥‥27
ブランド登録‥‥‥‥‥‥‥‥ 146	レクチャー‥‥‥‥‥‥‥‥‥ 202
ブランドレジストリー‥‥‥‥ 147	レビュアー‥‥‥‥‥‥‥‥‥ 151
ブランド割引‥‥‥‥‥‥‥‥ 130	レビュー‥‥‥‥‥‥‥ 37、78、136
プレミアムA＋‥‥‥‥‥‥‥‥94	レビュー件数‥‥‥‥‥‥‥‥ 134
ブロックチェーン‥‥‥‥‥‥ 226	レビュー内容‥‥‥‥‥‥‥‥ 152
プロモーション‥‥‥ 129、132、170	レビューの不正操作‥‥‥‥‥ 186
ペイメント‥‥‥‥‥‥‥‥‥ 216	ローカライズ‥‥‥‥‥‥‥‥ 230
ペナルティー‥‥‥‥‥‥‥‥ 114	ログイン‥‥‥‥‥‥‥‥‥‥‥61
ベネフィット‥‥‥‥‥‥‥‥‥93	ロボティクス技術‥‥‥‥‥‥ 225
ヘビーユーザー‥‥‥‥‥‥‥‥20	割引プロモーション‥‥‥‥‥‥44

■デザイン＆ DTP

金子　中

■本書で使用しているパソコンについて
本書は、インターネットやメールを使うことができるパソコン・スマートフォン・タブレット
を想定し手順解説をしています。
使用している画面やプログラム・サービスの内容は、各メーカーの仕様により一部異なる場合
があります。各パソコン等の機材の固有の機能については、各機材付属の取扱説明書をご参考
ください。

■本書の編集にあたり、下記のソフトウェアを使用しました
Windows 11 で操作を紹介しております。そのため、他のバージョンでは同じ操作をしても画面
イメージが異なる場合があります。また、お使いの機種（パソコン・タブレット・スマートフ
ォン）によっては、一部の機能が使えない場合があります。

■注意
(1) 本書は著者が独自に調査した結果を出版したものです。
(2) 本書は内容について万全を期して作成いたしましたが、万一、ご不備な点や誤り、記載漏
　　れなどお気付きの点がありましたら、出版元まで書面にてご連絡ください。
(3) 本書の内容に関して運用した結果の影響については、上記(2)項にかかわらず責任を負いか
　　ねます。あらかじめご了承ください。
(4) 本書の全部、または一部について、出版元から文書による許諾を得ずに複製することは禁
　　じられています。
(5) 本書で掲載されているサンプル画面は、手順解説することを主目的としたものです。よって、
　　サンプル画面の内容は、編集部で作成したものであり、全て架空のものでありフィクショ
　　ンです。よって、実在する団体および名称とはなんら関係がありません。
(6) 商標
　　Windows 11 は米国 Microsoft Corporation の米国およびその他の国における登録商標または
　　商標です。
　　その他、CPU、ソフト名、サービス名は一般に各メーカーの商標または登録商標です。
　　なお、本文中では ™ および ® マークは明記していません。
　　書籍の中では通称またはその他の名称で表記していることがあります。ご了承ください。

■ 著者略歴

大上 達生（おおがみ　たつお）

ECコンサルタント
株式会社スタックアンドスタック代表取締役
1974年京都府出身

15年以上ECサイトの運営サポートをおこなっているネットショップのエキスパート。特にAmazonの運営や海外販売を得意としている。

慶應義塾大学を卒業、フランス留学後、アニメ制作会社、広告代理店、ITベンチャー、海外TV局を経て、2011年に起業独立。自身でECサイトを運営している経験を元にネットショップの運用代行やコンサルティングを開始。

通販事業やオンライン販売を伸ばしたい法人を中心に運営サポートをおこない、年商10億円規模のショップなど多くの実績をあげている。趣味はマラソンとアニメ鑑賞。

●大上達生公式サイト　https://www.ogamitatsuo.com/

●(株)スタックアンドスタック公式サイト　https://www.stack-stack.com/

●Amazon運営相談　https://www.ec-produce.com/amazon/

【画面変更保証についてのご案内】

本書は、手順操作に必要なAmazonマーケットプレイスの画面変更があった場合は、初版発行日から180日の期間限定で1回の画面変更サポートをご提供いたします。画面変更があった場合は、特に告知等は行いませんので、弊社Webサイトから本書のサポートページでご確認をお願いいたします。

(弊社WebサイトURL：https://www.shuwasystem.co.jp/)

はじめての amazonマーケットプレイス出店スタートガイド

発行日	2024年10月 5日　　第1版第1刷

著　者　　大上　達生

発行者　　斉藤　和邦

発行所　　株式会社　秀和システム
　　　　　〒135-0016
　　　　　東京都江東区東陽2-4-2　新宮ビル2F
　　　　　Tel 03-6264-3105 (販売) Fax 03-6264-3094

印刷所　　三松堂印刷株式会社　　　　Printed in Japan

ISBN978-4-7980-7271-5 C2034

定価はカバーに表示してあります。
乱丁本・落丁本はお取りかえいたします。
本書に関するご質問については、ご質問の内容と住所、氏名、電話番号を明記のうえ、当社編集部宛FAXまたは書面にてお送りください。お電話によるご質問は受け付けておりませんのであらかじめご了承ください。